U0830885

诗词趣话

黄为之 主编

编委会：杨廷治 陈 辉 杨天舒

华语教学出版社
SINOLINGUA

First Edition 2011

ISBN 978-7-5138-0081-5

Published by Sinolingua Co., Ltd.
24 Baiwanzhuang Road, Beijing 100037, China
Tel: (86)10-68320585, 68997826
Fax: (86)10-68997826, 68326333
http://www.sinolingua.com.cn
E-mail: hyjx@sinolingua.com.cn
Printed by Beijing Songyuan Printing Co., Ltd.

Printed in the People's Republic of China

小序

这本集子，熔名诗趣闻为一炉，共辑录 100 则，每捧此集，就能读到一首名诗，知晓一件趣闻。名诗可陶情怡性，趣闻能赏心解颐。每篇恰五百余字，花三五分钟，便在轻松愉快中得到一次精神享受。该书内容丰富，篇幅短小，形式新颖，饶有情味，深浅得中，雅俗共赏。使读者增加文史知识，提高审美素质，充实社交谈吐，活跃业余生活。备此一集，获益良多。读者喜爱，唯我之愿。

目录

智赚兰亭

萧翼夜宿永钦寺，寺僧辨才盛情接待，并赋诗一首。萧翼读了辨才的诗，很高兴，当即探得“招”字韵，也赋诗作答：

邂逅款良宵，殷勤荷胜招。
弥天俄若旧，初地岂成遥。
酒蚁倾还泛，心猿躁似调。
谁怜失群雁，长苦业风飘。

彼此赠答，都慨叹相见恨晚。以后，二人交谊日深。大约过了一二十天，萧翼带来几本祖传王羲之、王献之书法真迹与辨才同观赏。

辨才仔细观赏后说：“这几本虽是二王真迹，不过都是杂帖，未臻尽美。贫僧有一本王羲之《兰亭集序》法帖，可谓稀世珍品。”

萧翼听了，哈哈大笑说：“大师何必诓我？《兰亭》真迹，早已失传；若有，也是临摹之作。”

辨才说："这是吾师智永宝藏，亲付贫僧。太宗皇上已几次诏问，我都上奏说此帖已佚失。贫僧有欺君之罪，怎敢戏言？"说罢，当即从屋梁上取出给萧翼观看。萧翼展玩，果是《兰亭》真迹。

这时，萧翼说："萧某是本朝御史大夫，特奉太宗之命来赚取《兰亭》法帖。"说罢，拿出太宗诏书，辨才一看，知落了圈套，顿时气昏在地。

神童挥毫

唐高宗龙朔三年，洪州都督阎伯屿在滕王阁大宴宾客，说："今日是九九重阳，滕王阁已整饰一新，当此良辰美景，诸公何不大展奇才，为滕王阁重修写一篇传世序文。"座中站起一位英俊少年，说："晚生愿向各位大人讨教！"阎伯屿一看，是王勃，心想："乳臭小儿，竟不知高低！"

王勃拿起笔来便写。第一句是"南昌故郡，洪都新府"。这是记胜文章先交待地点的老套，阎伯屿在

心中暗笑："此老生常谈!"再看第二句，是"星分翼轸，地接衡庐"。这二句说洪州地城辽阔，很有点气势。阎伯屿不免暗暗吃惊。当王勃写出"落霞与孤鹜齐飞，秋水共长天一色"时，阎伯屿不禁拍掌叫绝："此真天才，当垂不朽矣!"王勃在序文最后，写了这样一首诗：

滕王高阁临江渚，佩玉鸣鸾罢歌舞。
画栋朝飞南浦云，珠帘暮卷西山雨。
闲云潭影日悠悠，物换星移几度秋。
阁中帝子今何在？槛外长江空自流。

诗的意境开阔，辞采华美。在吊古伤怀之中不掩少年向上的锐气。《滕王阁序》并诗，一时轰动，风传遐迩。这年，王勃仅十三岁，人称"神童"。

空门续诗

唐朝诗人宋之问到钱塘（今杭州）瞻仰灵隐寺，借宿禅房。当晚，皓月凌空。宋之问伫立寺前，远眺遐想，不觉脱口而出："鹫岭郁岧峣，龙宫锁寂寥。"意思是说飞来峰高耸葱茏，灵隐山寺一片沉寂。这两句是眼前即景，诗来得快，不料下面却接不上了。

宋之问正反复吟诵这两句诗，忽听一个声音传来："何不道‘楼观沧海日，门对浙江潮’？”宋之问回头一看，是一位鬓眉皆白的长老，宋之问大喜道：“续得好！气象宏丽，自然工巧，道尽了灵隐寺胜景。敢问长老法名宝号？”

长老不答，转身离开。宋之问无奈，回到借宿的禅房，在灯下续完这首诗：

鹫岭郁岧峣，龙宫锁寂寥。
楼观沧海日，门对浙江潮。
桂子月中落，天香云外飘。
扪萝登塔远，刳木取泉遥。
霜薄花更发，冰轻叶未凋。
夙龄尚遐异，搜对涤烦嚣。
待入天台路，看余度石桥。

次日凌晨，宋之问拿着诗稿去请教长老，不料长老禅房空空。一打听，才知这长老是著名诗人骆宾王。骆宾王曾为徐敬业写了一篇讨伐武则天的檄文，徐敬业兵败后，他为了躲避武则天的搜捕，来此出家。宋之问连忙寻找。人说，他一大早就乘着筏子浮海而去了。

夺诗害命

诗人刘希夷曾依古乐府《白头吟》作诗：

洛阳城东桃李花，飞来飞去落谁家？
洛阳女儿惜颜色，坐见落花长叹息。
今年花落颜色改，明年花开复谁在？

诗人是代白头老翁悲吟岁月骤逝，所以一起调，便充满无限伤感。刚吟到第三韵，他便停住了。“呀，我怎么吟出明年花开复谁在'的诗句呢？这是多不吉祥的征兆！”他停了好一会儿，才又继续写下去：

已见松柏摧为薪，更闻桑田变成海。
古人无复洛城东，今人还对落花风。
年年岁岁花相似，岁岁年年人不同。

他吟出这后两句，又停住了。“唉，这两句诗还是不吉祥。”刘希夷就这样在悲伤和后悔的反复纽结中续完了这首诗。

刘希夷的舅舅宋之问读了这首《白头吟》，赞不绝口，尤其酷爱“年年岁岁花相似，岁岁年年人不同”两句，以为音韵优美，哀婉缠绵，是难得的佳句。他知道这首诗还未传人，便想窃为己作，要刘希夷让给他。刘希夷自然不肯。宋之问恼羞成怒，令奴仆用装土的麻袋，活活把刘希夷压死。以后，这首诗就载在宋之问的诗集中了。

幽州台歌

武则天万岁通天元年，契丹南侵。陈子昂随建安王武攸宜率军讨伐。军队到了渔阳，一战而惨败。全军震恐，不敢前进。陈子昂要求带一万兵卒为前驱，武攸宜不仅不听，反怨他越职，把他从参军降为军曹。

陈子昂怀才不遇，报国无门，一腔忧愤。一天，他登上蓟北楼（故址在今北京大兴县），眺望古燕国旧都，见城池荒芜，四野苍茫。燕昭王招纳贤士的黄金台、碣石馆，还依稀可辨，可是霸业早已泯灭，乐毅、郭隗等名臣，田光、荆轲等义士，也早已埋骨九泉，他感到一股难耐的孤独和悲凉。天地悠悠，岁月绵绵，万端思绪，涌上心头。他见燕昭王陵前的乔木，叹明主难遇；思乐毅雄图未竟，痛壮志难酬；为荆轲事未成而伤怀，感田光空伏剑而垂泪。他不禁狂歌痛哭，为古人，更为他自己，于是咏出：

前不见古人，后不见来者。

念天地之悠悠，独怆然而涕下！

这四句诗，喷薄而出，戛然而止。俯视千载的孤高抱负，蹉跎失意的深重痛苦，都拌着血泪，一齐迸发出来，言有尽而情不止，慷慨激昂，苍凉悲壮，令千载仁人志士拍案击节，拔剑起舞。

旗亭赌唱

一年冬天，诗人王之涣、王昌龄、高适三人都在长安，常在一起品诗论文。一天，天空飘着雪花，三人走进旗亭（酒楼），刚刚落座，十几个乐工和歌妓就走了进来。三位诗人会意，悄悄约定：我等诗坛齐名，未见高低，今天听诸妓歌唱，谁的诗人曲最多，谁为优胜。不一会儿，一个歌妓伴着乐声唱起来：

寒雨连江夜入吴，平明送客楚山孤。

洛阳亲友如相问，一片冰心在玉壶。

王昌龄一听，正是自己的《芙蓉楼送辛渐》，便笑吟吟地用手指甲在身后墙上划了一道，说："一首绝句。"

一会儿，只听歌声又起，缠绵悱恻，婉转圆润。那是高适《哭单父梁少甫》诗，高适听了，也高兴地在墙上划了一道。接着，歌声复起：

奉帚平明金殿开，且将团扇暂徘徊。

玉颜不及寒鸦色，犹带昭阳日影来。

这又是王昌龄的诗，题目是《长信秋词》，咏叹班婕妤在长信宫中的孤独生活。歌声如泣如诉，黯然魂消。王昌龄好不得意，又在墙上划了一道，说："二首绝句。"

王昌龄以诗入曲最多小胜。

谁操胜券

诗人王之涣、王昌龄和高适在旗亭（酒楼）听歌妓们唱曲，相约谁的诗入曲最多，谁为优胜。他们听歌妓们一连唱了王昌龄两首诗，高适一首诗，王之涣似乎受到了冷落。王昌龄和高适都得意地看了看他，那目光中好像在说，你可输了。王之涣把这一切都看在眼里，心想，今日我就不信输给了你们这两个晚辈。于是，辞锋犀利地回敬说："刚才乃潦倒歌妓所唱，自然多下里巴人。"说着，指着一个俏丽端庄、尚未启口的歌妓说："她唱的歌倘非我词，我就服输，一辈子不与二位争锋。倘是我词，二位当拜倒我的脚下。"话没说完，那歌妓果然用凄怆、醇厚的嗓音唱起来：

黄河远上白云间，一片孤城万仞山。
羌笛何须怨杨柳，春风不度玉门关。

"黄河""白云"相映衬；"一片""万仞"相对照，视野愈广，山愈高，愈显城之孤耸。一、二两句，写尽了西北高原山川的壮阔与荒凉。三、四句则形象含蓄、韵味深长地表达了戍边将士的一腔思乡怨情。这首诗，正是王之涣的名作《凉州词》。王之涣听了，顿时容光焕发，揶揄地问二人："怎么样，乡巴佬？我不是妄说吧！"三人都忍不住哈哈大笑！王之涣《凉州词》，被后人称为唐人七言绝句的压卷之作。三位诗人旗亭赌唱较胜，王之涣操胜券，是理所当然的。

王维求仕

王维二十一岁时，在京城参加科举考试。他去请求岐王李范推荐。李范说："已经晚了，当今丞相的弟弟张九皋请求公主推荐，公主已指令主考官取丞相弟弟张九皋为状元。"王维还想说什么，李范接着说："不要着急。如今公主权力很大，我们不能同她强争。你把旧日的诗抄十几首来，再谱一支新的琵琶曲，过五天来找我。”

五天后，李范让王维穿上乐师的衣服，抱一支琵琶，混在一队乐师里，一同到公主府去演奏。王维青春焕发，神采动人，引起了公主的注意。公主问李范：“这是什么人?”李范说：“此人不仅精通音律，而且诗也写得极好，当代没有人能超过他。”公主听了，要王维弹一曲，并把他写的诗献上。王维弹了新谱的曲子，公主听得如醉如痴。再看献的诗，公主竟忍不住念出声来：

独在异乡为异客，每逢佳节倍思亲。

遥知兄弟登高处，遍插茱萸少一人。

公主掩卷叫绝，一口气吟诵了好几首，说：“这些都是我平日喜爱诵读的诗，一直以为是古人精品，没想到竟是你写的。”李范看火候已到，便向公主说明了举荐王维之意。这一年科举，王维果然做了进士第一名。

唱遍阳关

唐朝人在长安送别，有两个地方，一是在长安城东的灞桥，一是在长安城西的渭城。在渭城送别，是饯别去西北或西南的远行人的。

一个春天的早晨，诗人王维在渭城送别朋友元二出使安西。驿亭里摆好了饯行酒宴，二人一杯复一杯，已不知喝了多少。清晨，一阵无声春雨，洗去了客舍、绿柳的尘埃，到处都显得格外明丽清新。但是，一想到友人就要去远离长安数千里的安西，就不觉眼前春日美景虚设，反添无限离愁，他不禁凄然歌吟道：

渭城朝雨浥轻尘，客舍青青柳色新。
劝君更尽一杯酒，西出阳关无故人。

唱罢，王维又举起酒杯，劝说朋友："再饮一杯酒吧，只恐怕西出阳关，旧游如梦，眼前无故人了。"柳丝难系远行人，朋友终于走了，王维目送友人，不胜离情。

王维吟的这首诗，就是著名的《送元二使安西》。明人李东阳说："王摩诘'阳关无故人'之句，盛唐以前所未道。此辞一出，一时传诵不足，至为三迭歌之，后之咏别者，千言万语，殆不出其意之外。"是的，"最忆阳关唱，真珠一串歌，"后人为这首诗谱上曲子，名《渭城曲》或《阳关三迭》，从唐宋至今，仍然传唱不绝。

辋川诗画

宋代著名词人秦观在汝南作学官时，曾因胃病卧床。一天，朋友高仲符来了，见面就说："少游，我带来一件东西，你看了，准会即刻病愈。"秦观说："什么好东西，胜于灵丹妙药？" "《辋川图》！" "《辋川图》？是王摩诘的《辋川图吗》？""正是。"秦观早听说过王维的这幅作品，但恨不得一见。今日有人送图来，不觉精神陡增，立即同高仲符一起仔细观看起来。

这幅《辋川图》，山谷深秀，竹木潇洒，白云清流，道路人物，尽臻精妙。秦观如痴似醉地观赏着，一边指点图中景物说“啊，这是鹿柴”一边情不自禁地吟哦王维的诗：

空山不见人，但闻人语响。
返景入深林，复照青苔上。

“看，这儿是竹里馆。”又吟道：

独坐幽篁里，弹琴复长啸。
深林人不知，明月来相照。

王维有《辋川诗》二十首，每一首诗都像一幅精美的山水画。苏东坡曾说王维“诗中有画，画中有诗”，所以秦观在看画的同时也就自然陷入了诗画意境的联想中。高仲符见秦观如此，就把《辋川图》留下走了。秦观在病床上天天玩赏这幅稀世珍品，数日后，果然痊愈了。

卖饼者妻

宁王李曼贵宠一时。府旁有个卖炊饼的，妻子苗条纤小，洁白胜雪，妩媚明妍。宁王一见，神魂颠倒，给卖饼者扔下几个臭钱，硬把卖饼者妻抢夺回府。一年后的某天，宁王大约又有了新宠，便问卖饼者妻：“你还思念你的卖饼师傅吗？”女子低头不答。宁王命人把卖饼者叫来，使夫妻二人相见。女子见到自己的结发郎君，肝肠寸断，珠泪滚滚。当时，宁王有十

余客人在座，皆当时文士，见此情景，无不伤心感怀。宁王说："看来诸君都怜悯这对男女，孤王亦不想久令他们分离。诸君可以此为题即兴赋诗一首，若得佳诗，孤王今日即遣还此女。"当时，年仅二十岁的王维也在座中，吟成《息夫人》诗一首：

莫以今时宠，宁忘旧日恩。
看花满眼泪，不共楚王言。

传说，春秋时代，楚灭息国，楚文王娶息侯夫人。息夫人以国亡夫死之痛，与文王不通言语。诗人说，你看她满眼泪花就知道，她一定像当年的息夫人，一年来也是终日不同宁王言语。不要以为她贪恋今日的宠幸，她日夜不忘的仍是旧日夫妻的恩情。诗人从眼中所见卖饼者妻落笔，用了倒叙手法，十分含蓄委婉，凄恻动人。宁王听了，只得践诺，让卖饼者夫妻同归。

鹰隼莫猜

张九龄是唐玄宗时的著名宰相，他常常劝唐玄宗要疏远奸臣，所以李林甫十分忌恨他。

一次，李林甫向玄宗推荐凉州都督牛仙客为尚书。张九龄执意谏阻，但唐玄宗根本不听张九龄的正确意见。李林甫趁机进谗言说："牛仙客有宰相之才，张九龄妒贤忌能，违忤陛下，罪莫大焉。"玄宗听了，更加恼怒张九龄，赐给张九龄一柄白羽扇。

白羽扇是一件应时贱物，天热了，人们拿它扇风取凉，节令一过，人们就把它扔了，或压在箱底。张九龄拿着白羽扇，当然明白玄宗的意思。他抱怨唐玄宗，更恨李林甫。在悲愤中，他写了一首《归燕诗》给李林甫：

海燕虽微眇，乘春亦暂来。
岂知泥滓贱，只见玉堂开。
绣户时双入，华轩日几回。
无心与物竞，鹰隼莫相猜。

诗人把李林甫比作鹰隼，把自己比作海燕。海燕乘春而来，春归而去，并不想在绣户华轩中久留，让鹰隼不要猜忌。诗中有对邪恶势力的谴责和愤怒，但写得很委婉。这次冲突之后，张九龄被罢相贬官。

坐观垂钓

唐玄宗开元三年到六年间（715～718），孟浩然在岳州刺史张说门下为宾客。张说曾出任丞相，是一代重臣，孟浩然胸怀济世大志，游于张说门下，自然是期望得到张说的举荐。可是日复一日，月复一月，没有动静。孟浩然郁闷不乐，闲游终日。一天，他登上岳阳城西的岳阳楼。望八百里洞庭、烟云浩渺，波涛接天，云梦楚湘，浑然一气，岳阳高楼，恍惚在动荡起伏，他心中顿生万端感慨，立即写下《望洞庭湖赠张丞相》诗：

八月湖水平，涵虚混太清。
气蒸云梦泽，波撼岳阳城。
欲济无舟楫，端居耻圣明。
坐观垂钓者，徒有羡鱼情。

这首诗，前四句写洞庭湖风景，境界阔大，气势磅礴；后四句抒情，意思是说，我想济世救时，但没有途径；终日端居赋闲，愧对圣明君主。就好像坐着看别人钓鱼，空有羡慕得鱼的心情。这首诗送给张丞相，显然是为了表白自己的志向和苦闷。此后，张说与孟浩然的确成了好友，这首诗也很快传遍天下。

放归南山

孟浩然是中书令张说的好友。一天，张说请孟浩然到集贤殿论诗，忽报：“皇上驾到！”孟浩然是一个没有官职的读书人，是不能进入集贤殿的，可仓促间来不及回避，张说只能向唐玄宗介绍说：“这是襄阳孟浩然，他写的五言诗，匠心独运，天下称其尽善尽美。”

唐玄宗说：“朕也早闻其名，只是没有见过面。孟卿有什么近作吗？”

孟浩然生性洒脱无忌，见玄宗没有责怪，就兴致勃勃吟了一首《岁暮归南山》：

北阙休上书，南山归敝庐。
不才明主弃，多病故人疏。
白发催年老，青阳逼岁除。
永怀愁不寐，松月夜窗虚。

诗的大意是说：不要给皇帝上书吧，还是乖乖回老家。自己无才，所以才被英明君主遗弃，被老朋友疏远！

在皇帝面前，孟浩然竟然把一肚子牢骚都倒了出来。唐玄宗听了，顿时变了脸，说：“是你自己不求仕进，朕何曾遗弃了你？你为什么不诵‘气蒸云梦泽，波撼岳阳城’呢？”唐玄宗当即下令“放归南山，终身不仕”。孟浩然只得回襄阳去了。

戏改唐诗

清朝人蒋箸超，小时候上私塾，师爷非常严厉，手里总是拿着板子，谁听课不专心啦，背书不流利啦，习字不工整啦，就会猛然听到一声呵斥："把手掌摊开！"接着便是"啪啪"几声清脆的板子声。有时甚至听不见呵斥声，板子已纷纷如雨下，脑袋上立时就隆起几个青包。学童们吃尽了苦头，对这位严师是又恨又怕。

不过，严师也有害怕的人，就是师母。师母性子暴躁，动不动冲着师爷大喊大叫，声如狮吼。师爷正举起板子打学童，忽听隔壁狮吼，师爷的手立刻停在半空，"啪"手中板子落地！这时，连挨打的也忍不住要笑。蒋箸超就遇到这么一次，他没敢笑出声，却想起了刚学的孟浩然的《春晓》：

春眠不觉晓，处处闻啼鸟。
夜来风雨声，花落知多少。

小箸超想着，情与景会，立即把诗改成了这样：

读书真苦恼，日日闻号叫。
帘前咳嗽声，鞭落知多少！

小箸超改好诗后，又默诵了两遍，好不得意，竟“嘻嘻”笑出了声。师爷以为是在嘲笑他害了“气管炎”，停在半空的板子便顺势打了下来。“啪”，好清脆，小箸超真的也号叫起来。

一句万古

诗人王湾是洛阳人，早年在吴楚漫游。一年的冬末春初，他乘船沿长江来到北固山（江苏镇江北），当晚停泊在山下。他一路都很兴奋，观赏风景，甚至彻夜不眠，伫立船头，沉浸在江南旖旎的风景中。这天，他写下了《次北固山下》：

客路青山外，行舟绿水前。
潮平两岸阔，风正一帆悬。
海日生残夜，江春入旧年。

乡书何处达？归雁洛阳边。

这首诗不仅全篇好，而且句句皆佳。第二联，是广为流传的名句。第三联尤其精彩：残存的夜色还未消退，一轮红日已冉冉升起；旧年尚未过去，江上已显露春意。寥寥十字，是景语又是情语，不仅生动反映了一个北方游子乍到江南的新鲜感受，而且饱含着深刻的生活哲理：一切新生事物，都是从旧躯壳中孕育的。因此，对已逝去的，不必伤感，希望总在明天。

王湾这首诗，一时广为流传。中书令张说读后，大加称赏，他亲笔在政事堂上写下“海日生残夜，江春入旧年”两句。每当公事闲暇，他都要站到题诗前悉心吟咏。唐代诗人郑谷也称赞这首诗说：“一句能令万古传。”

神童试才

唐玄宗开元十六年（728 年）的一天，玄宗与宰相张说在兴庆宫下围棋，太监禀报说：“圣上要面试的孩子到。”玄宗让张说出题。张说指着棋盘对孩子说：“就以下棋为题，用方、圆、动、静四字赋首诗吧。”

孩子谦虚地说：“请大人先赐教。”

张说略一沉吟，便道：

方如棋局，圆如棋子。
动如棋生，静如棋死。

没等话音落，孩子用清脆的童音吟道：

方如行义，圆如用智。
动如逞才，静如遂意。

玄宗一听，连声称赞说：“好！好！张丞相诗，比喻得体。童子诗，别有深意。行大义，耿直刚正，这是‘方’。善用智谋，随机应变，这是‘圆’。逞奇才定天下，这是‘动’。功成名就，安乐随心，这是‘静’。小小孩童，有如此志向气魄，将来必成大器。”玄宗说罢，立即传旨童子父母要好生抚养孩子。这位年仅七岁的孩子，就是后来经历四朝，为安定唐王朝起过重要作用的李泌。

五步成诗

开元初年某天，唐明皇得到史青的自荐表。史青在表中说：“臣闻三国时曹植七步成诗，臣以为七步太多，陛下如肯赐诏试臣，臣在五步之内，便可复诏。”

唐明皇看了，对侍臣说："想当年曹植才高八斗，被兄长所逼，七步之内，吟成名篇'煮豆燃豆萁，豆在釜中泣。本是同根生，相煎何太急'！一腔悲愤，脱口而出，字字句句，发自肺腑，有谁可与之比肩！这个史青，好大的口气！召他来见朕！"

第二天，史青应诏入宫。唐明皇说："你上表自荐，口出大言，朕渴爱人才，许你在五步之内赋诗一首，不成，亦行大法。"唐明皇想了想说："就以《除夜上元观灯火笼》为题吧。"

于是，史青行步微吟：

今岁今宵尽，明年明日催。
寒随一夜去，春逐五更来。
气色空中改，容颜暗里回。
风光人不觉，已著后园梅。

史青边行边吟，果然五步成四韵。唐明皇高兴地说："此诗虽不能同曹植诗同日而语，才思敏捷如此，亦是难得，明日诏礼部授你官职。"

金龟换酒

唐玄宗天宝元年（742 年）秋天，李白初到长安，在宫门外碰上贺知章。贺知章在诗坛久负盛名，性情诙谐豪爽，初见李白，高兴异常，拉着李白的手就去喝酒。

二人来到酒家，落座之后，贺知章伸手掏钱，这时才想起方才是散朝而来，怀中哪来酒钱。李白看得明白，立即说：“我身边带有银两。”

贺知章忙说：“我是有名的狂客，最贪杯中之物，你初到京城，耗费日多，小心今日充大头，日后当乞儿！”

二人不禁相对大笑。贺知章笑罢，即从身上解下金龟给店小二，说：“这是我这三品官儿佩带的标志物，你拿去，就当今日酒钱。”

酒过三巡，贺知章要李白的诗看。李白呈过一轴诗，贺知章读到《蜀道难》，便大声吟诵起来：

噫吁嚱，危乎高哉！

蜀道之难，难于上青天。

蚕丛及鱼凫，开国何茫然！

尔来四万八千岁，不与秦塞通人烟……

贺知章吟完，连称“奇文”，并说：“这等诗句，除非天授，岂人力可及？贤弟，你一定是上仙下界。”从此，人称李白为“谪仙”。

醉眠酒家

宫廷乐师李龟年带着几个内侍，牵着御马玉花骢，到翰林院召学士李白进宫。院里人说，李学士一大早就喝酒去了。李龟年又带着人奔向长安市上。李龟年走东坊，入西肆，来到一家酒楼下，忽听楼上有人朗声高歌：

天若不爱酒，酒星不在天。
地若不爱酒，地应无酒泉。
天地既爱酒，爱酒不愧天。

李龟年一听，声情激越，诗意俊逸，不是李白是谁？这时，又听见：

已闻清比圣，复道浊如贤。
贤圣既已饮，何必求神仙。
三杯通大道，一斗合自然。
但得酒中趣，勿为醒者传。

李龟年三步并两步，登上楼来，果见李白正高举一只大杯仰头痛饮，神采飞扬，醉眼蒙眬。李龟年上前高声唱道：“奉旨宣翰林李学士入宫！”李白仿佛没有听见，又拿起酒壶往杯中斟酒。李龟年一把拉住李白举杯的手，大声说：“李学士，圣上在沉香亭等你多时了！”李白斜睨了李龟年一眼，甩掉李龟年的手说：“我本酒中仙，惯常酒家眠。”说完，便趴在桌上昏昏睡去，嘴里还喃喃地说：“我醉欲眠卿且去。”李龟年见没有办法，只好命内侍背李白下楼，扶上玉花骢。

花前醉书

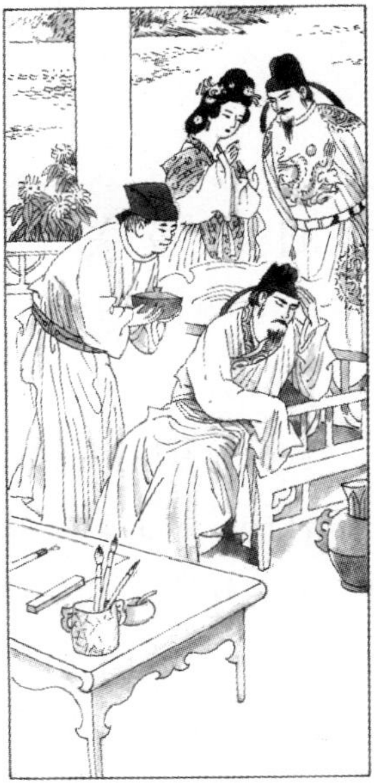

李龟年把李白扶上御马，回到兴庆宫沉香亭。唐玄宗见李白仍然酩酊大醉，命人立即去御膳坊做醒酒酸鱼羹。李白被灌了半碗酸鱼羹，渐觉神清气爽。

玄宗说：“李学士，来来来。”说着向亭外走去。杨贵妃、李白尾随其后。玄宗对李白说：“你看这沉香亭四周，牡丹开得正好，贵妃今日也似国色天香，美艳无比。朕对妃子赏名花，哪能没有音乐？所以召你入宫赋新词。”李白一看，果然好花衬美人，美人胜于花，便行吟花间，倾刻成《清平调词三首》：

云想衣裳花想容，春风拂槛露华浓。
若非群玉山头见，会向瑶台月下逢。

一枝红艳露凝香，云雨巫山枉断肠。
借问汉宫谁得似，可怜飞燕倚新妆。

名花倾国两相欢，长得君王带笑看。
解释春风无限恨，沉香亭北倚阑干。

三首诗浓艳华美，风流旖旎，语关花与人，句句妥贴。唐玄宗越品越有味，连声称赞说：“此真乃学士佳境。”杨贵妃在一旁听着，也像醉了一般。后来，高力士却以这三首词为口实，嫁祸李白，李白因此被逼出了长安。

日暮乡关

武昌西有座黄鹤山，山的西北方有个黄鹤矶，峭立在滚滚的长江中。矶上有座黄鹤楼，飞檐雕梁，俯视江汉，映带千里，壮观巍峨。传说，仙人子安曾乘黄鹤经过这里，黄鹤楼因此得名。

一天，诗人崔颢游武昌，登上黄鹤楼。只见龟蛇二山，隔江对峙；滔滔江水，不舍昼夜；鹦鹉洲、汉阳树，历历在目；家乡汴州，望极天涯，无处可寻！诗人由黄鹤楼传说想到仙去楼空；由悠悠白云，想到世事茫茫；由萋萋芳草，想到王孙不归。一腔乡愁，涌上心头，他情不自禁索笔疾书，在楼的墙壁上题了《黄鹤楼》诗一首：

昔人已乘黄鹤去，此地空余黄鹤楼。
黄鹤一去不复返，白云千载空悠悠。
晴川历历汉阳树，芳草萋萋鹦鹉洲。
日暮乡关何处是，烟波江上使人愁。

崔颢在诗后落款掷笔，愀然走下黄鹤山。这首诗从传说入手，以抒情点题，发千古浩叹，继而写景，渗入浓重的感情。结尾又由景入情，余韵绵绵。手法与平仄也都突破了律诗常规。所以有人说：“唐人七言律诗，当以崔颢《黄鹤楼》为第一。”不久，大诗人李白来此，便留下一段佳话。

不妄题诗

诗人李白漫游吴楚。一天，他登上黄鹤楼，眺望江景，不由得文思汹涌，便欣然提笔。不料，偶一抬头，见楼壁崔颢题诗，墨迹犹新。他反复吟诵，深深为崔诗的自然、宏丽、深沉而叹服。他想，眼前美景，已被崔诗道尽，如再题诗，就是多余的。于是，他断然打消了题诗念头，只在崔诗后面题了一行字：

眼前有景道不得，崔颢题诗在上头。

李白题罢，便飘然而去，并且终身也没有为黄鹤楼题诗。虽然如此，他始终念念不忘崔颢诗。后来，他先后写了《鹦鹉洲》、《登金陵凤凰台》，诗家都认为，李白显然是有意仿效了崔颢的《黄鹤楼》。李白流放夜郎遇赦，返回武昌，心怀忧思，还愤然写过“我且为君捶碎黄鹤楼，君亦为吾倒却鹦鹉洲”的诗句。

一个好事的僧人不顾李白的情绪，用李白诗写了这么一偈：

一拳捶碎黄鹤楼，一脚踢翻鹦鹉洲。
眼前有景道不得，崔颢题诗在上头。

这似乎说，李白写不出超过崔颢的好诗，心怀怨恨，反把一腔怒气发泄在无知的山川胜景头上。这真是一个令人哭笑不得的调皮玩笑！

十里桃花

唐玄宗天宝十四年，诗人李白在秋浦得到泾川村民汪伦的信，请他去游览桃花潭。汪伦信中说，此地有“十里桃花，万家酒店”，是个醉饮狂歌的好地方。李白被深深打动了，欣然接受了邀请。

李白来到桃花潭，见潭西怪石耸立，千姿百态，老树盘屈，古藤缠绕；潭东则白沙细石成滩，滩上芦荻萧萧，临风摇曳。断崖陡壁下的桃花潭，水深数丈，清凉澄碧，尤其静寂幽雅。李白流连其间，乐而忘返，汪伦日日携来美酒，更添李白游兴。一天，李白问汪伦：“你信中说，这里有十里桃花，万家酒店，我怎么不见一树桃花，一家酒店呢?”汪伦说：“在十里外有桃花渡口，潭西有姓万的人家开的酒店。”“原来如此，‘十里桃花，万家酒店’！我上当了!”李白说完，哈哈大笑。汪伦也快活地笑了。

李白要走了，为了感谢汪伦的盛情，写下了著名的《赠汪伦》：

李白乘舟将欲行，忽闻岸上踏歌声。
桃花潭水深千尺，不及汪伦送我情。

至今，安徽泾县翟村还有踏歌古岸阁、酌海楼等名胜，昭示着这段佳话。

韩干画马

一天，唐玄宗召见韩干到兴庆宫南薰殿，一起观赏曹霸在南薰殿重新绘制的太宗功臣画像。曹霸是当时的大画家，善画人物，尤其善画马，曾为玄宗的玉花骢马写生。杜甫形容他画的马就如“须臾九重真龙出，一洗万古凡马空”。韩干曾经跟曹霸学过画，后来另辟蹊径，独自成家。

玄宗问韩干：“现在，你为什么不拜陈闳为师学画？”

韩干说：“我不愿意。”

玄宗又问：“陈闳的画，堪称天下第一，你不以他为师又以谁为师呢？”

韩干说：“陛下马厩里有数万匹马，都是我的老师。”

玄宗想了想，这才悟到，韩干画马与他的老师曹霸画的马迥然不同。杜甫的诗曾经这样评论说：

弟子韩干早入室，亦能画马穷殊相。
干惟画肉不画骨，忍使骅骝气凋丧？

杜甫这四句诗，引起了后人的误解。有人说，杜甫偏爱骨瘦多神的画法，以为只画肉就会使千里马神气丧尽，而韩干画的马，匹匹形体肥大，所以他不满意。其实，韩干画的马千姿百态，栩栩如生，在绘画史上是有特殊地位的。

唐代倒爷

一天，清人王夫之同朋友们谈论起宋人作诗论文，一字一句必从古籍中求出处的陋习。

一个朋友说：“宋真宗问唐朝酒价，丁晋公用杜甫诗答，人皆以为一时之善对，其实，这正是宋人陋习。”

王夫之接着嘲讽说：“可惜我生不逢时，否则我就给他们开个大大的玩笑。”

“什么玩笑？”朋友们兴致勃勃地追问。

王夫之说：“有一个与杜甫同时的人，叫崔国辅，他有一首《杂诗》，是这样的：

逢着平乐儿，论交鞍马前。
与酤一斗酒，恰用十千钱。
后余在关内，作事多迍邅。
何肯相救援，徒闻宝剑篇。

你看，崔国辅买一斗酒，用十千钱，而杜甫买一斗酒只花三百文，从杜甫买酒的地方贩一批酒来，转手倒卖给崔国辅，岂不一下子就可赚三十倍？这种赚大钱的买卖，何乐而不为？”

朋友们听了，笑得前仰后合。“好，好，你这个玩笑，非叫他君臣下不了台！”王夫之也笑着说：“作诗论文，如果以虚为实，以不可拘泥而为可查考，实是不学之失，不思之过啊！

诗无敌手

蔡宽夫寓居汴京时，一天，与几个朋友谈论杜甫诗，一个押粮官在旁边听得津津有味。蔡宽夫问：“你也喜欢读杜诗吗？”

押粮官说：“平生最爱的就是杜甫诗，只是有许多读不懂，比如杜甫有首《春日忆李白》：

白也诗无敌，飘然思不群。
清新庾开府，俊逸鲍参军。
渭北春天树，江东日暮云。
何时一樽酒，重与细论文？

蔡宽夫说：“天宝初年，李白与杜甫两度相逢，结下了深厚情谊。当他们在山东石门分手时，李白就曾问杜甫‘何时石门路，重有金樽开’。大约就在第二年春天，杜甫写了这首诗。”

押粮官点头说：“我也知道，这首诗就是杜甫怀念他们这段情谊、盼望与李白重逢的。可是诗的前二联，还是不好懂。既说‘白也诗无敌’，为何又说李白诗清新俊逸似六朝诗人庾信和鲍照呢？既有匹敌，何得谓‘无敌’？岂不自相矛盾了？”

押粮官的话音未落，众人竟哄然大笑起来。

押粮官严肃地说：“列位莫笑，下官愿听高论！”他这一说，众人一时哑然，竟没有人能回答。

曲径通幽

长安人常建，漫游吴越，一日来到常熟虞山北麓。他沿着一条竹林小径，向深山走去。晨光穿云透雾，染红了林梢。山鸟苏醒了，在枝叶间欢快地鸣叫；流泉清凉，幽潭澄碧，让人感到格外的虚静恬淡。忽然，密林深处，传来悠长清亮的钟磬声，四周的山林显得更加静寂肃穆了。常建寻声走去，见一座古寺掩映在野花古木之中。他入寺随喜，在寺壁上题了这样一首诗：

清晨入古寺，初日照高林。
曲径通幽处，禅房花木深。
山光悦鸟性，潭影空人心。
万籁此都寂，但余钟磬声。

这就是常建的代表作《题破山寺后禅寺院》诗。唐人殷璠《河岳英灵集》把常建列为首位，他尤其爱“山光悦鸟性，潭影空人心”两句，认为它对仗工稳，词语清丽，意境超凡脱俗。宋代大文学家欧阳修更爱“曲径通幽处，禅房花木深”两句，曾想模仿这两句而自作一联，但许久不能得，他深深感叹写诗要意新而语工之难。的确，“曲径通幽”四字，现在成了许多公园题景的匾额。在这四字后面，人们常常可以看到山同路转、迷花倚石、竹树蔽天、香草埋径的绝妙天地！

意尽搁笔

唐玄宗开元初年，祖咏参加进士考试。这场考试是赋诗一首，诗题是《终南望余雪》。祖咏拿到试题，久久没有落笔。“终南”，指长安城南的终南山，此为实字，好写。“望”字极为重要，须写活。“雪”字为望中所见，下笔不难，只是须与“终南”切合，方见特色。这个题目，最难处在那个不虚不实的“余”字。他潜心揣摩，终于顿悟，一气写下这样四句：

终南阴岭秀，积雪浮云端。
林表明霁色，城中增暮寒。

前二句，已写出“终南望雪”四字，山蔚然深秀，直插云端，而“浮”字正是“望”中活景。后二句则写了“望”中“余雪”。“霜前冷，雪后寒”，虽是雪霁天晴（即余雪）但终南山高雪厚，犹自“望”而生畏，直觉寒气威逼长安。按规定，试帖诗应写六韵或八韵，祖咏写完这四句，觉得已把题意写足。

"古人说，文以意为主，决不可以辞害义，我就此交卷，看主考官是何见识?"想到这里，他便去向主考官交卷。

主考官一看，只有两韵四句，便沉下脸说："怎么不按规定写?"祖咏坦然回答说："意尽"。说罢，走出了考场。

夜半钟声

苏州市阊门外十余里的枫桥镇有座寒山寺。寒山寺并不在山上，寺的四周远近亦无山，寒山不是山名，而是唐太宗贞观年间一位高僧的名字，因他曾住持此寺，因名寒山寺。天宝末年，诗人张继流寓江南，船经姑苏，泊舟在上塘河的枫桥下，写了《枫桥夜泊》诗：

月落乌啼霜满天，
江枫渔火对愁眠。
姑苏城外寒山寺，
夜半钟声到客船。

这是一幅迷人的秋夜风景画。画中，诗人疏密有致地给我们布置了霜天、残月、栖鸦、渔火、红枫、山寺，这众多形象，远近交错，都笼罩在迷蒙的夜色中，或明或暗，或隐或现，有层次，有色彩，有声响，而这一切又都是诗人所见、所闻、所感。渗透着孤独游子缕缕愁思的一首小诗，有如此深厚的容量，高远的意境，精美的画面，使寒山寺从此名扬天下。

但是，宋代大诗人欧阳修说“三更不是打钟时”，因此认为“夜半钟声到客船”是“诗人贪求好句而理有不通”的病句。这个意见引起后人纷纷争论。许多诗人都举出事实证明，在唐宋时代，寒山寺确实有夜半打钟的习惯，那是辞旧迎新的钟声。

以诗命官

一天，韩翃家来了一位客人，见面就说：“恭喜，恭喜！”韩翃丈二和尚摸不着头脑，一脸疑惑地问：“有何可贺，喜从何来？”客人一本正经地说：“皇上下旨，任命你为知制诰了。”韩翃见客人说得煞有介事，连连摇头，说：“断无此事。人已暮年，又闲居家中十年，谁还能举荐我入朝？定是你弄错了！”客人见韩翃不信，就详细讲述了事情的经过。

原来，唐德宗即位后，觉得没有一个称心的知制诰为他起草文件，要中书省推荐一人。中书省先后推荐了两人，皇上都不批复。中书省准备再推荐一人，皇上下诏："赐韩翃。"但中书省一查，当朝有两个韩翃，一个是现任江淮刺史，一个是宣武节度使李勉的幕僚。中书省报奏皇上，不知皇上要哪一个韩翃。皇上就在奏摺上批了一首七绝：

春城无处不飞花，寒食东风御柳斜。

日暮汉宫传蜡烛，轻烟散入五侯家。

诗后面又批四个大字："赐此韩翃。"客人说："这首七绝，不是员外的《寒食》诗吗？现在天下都称员外你为'春城不飞花'韩翃，我还能弄错了?"

韩翃听了这些，真是百感交集，不知说什么好了。

以色取人

唐宪宗元和中，张又新同杨虔州是好友。杨虔州娶了个妻子，是大家闺秀，知书达礼，体贴贤惠，就是长相不太好。可贵的是杨虔州毫不介意，夫妻和美。

一天，张又新对杨虔州说："是人见我，都夸我是个美男子，我如果不能得官，但得一美人，平生也就满足了。听说杨兄贤妹姿色倾国，弟欲求为佳偶，不知杨兄应允否?"

杨虔州说："噢，贤弟是听了误传。小妹虽然德才兼备，却是黑肤黄发，粗眉小眼，难配贤弟。”

张又新说：“杨兄不必过谦，明日弟当遣媒下聘。”

杨虔州无论怎么说，张又新也不肯相信。婚事终于定下来了。到洞房花烛夜那天，张又新揭开新娘盖头一看，竟吓了一跳，新娘果然丑陋不堪。张又新大失所望，怏怏离开了新娘，走到书房，写了一首《牡丹》诗：

牡丹一朵值千金，将谓从来色最深。
今日满栏开似雪，一生辜负看花心。

张又新娶妻不论德才，唯重美色，夫妻生活可想而知。后来，他得官，谄媚权贵，生活放荡，且多行之于篇章，为世人不齿！

议亲改姓

潭州刺史崔瓘的幕府中，有一个小官叫戎昱。崔瓘很赏识戎昱的才华和仪表，想把自己的女儿下嫁给他。但是不喜欢戎昱的姓，要他把姓改了，才能成婚。戎昱听了，立即写了一首《上湖南崔中丞》诗给崔瓘：

山上青松陌上尘，云泥岂合得相亲。
举世尽嫌良马瘦，唯君不弃卧龙贫。
千金未必能移姓，一诺从来许杀身。
莫道书生无感激，寸心还是报恩人。

这意思是说，他和小姐，如山上的青松与道路上的尘埃，天上的云彩与地上的泥滓，相差极远，怎能合亲？虽然崔大人你不嫌弃我贫寒，但千金未必能改变人的本性，从来君子重一言，哪怕被杀身！不要说我拒绝改姓就是不知感激，我确实是存着报恩的心。诗尽管写得不卑不亢，但毕竟违忤了上司的心愿，这门亲事自然告吹了。

后人根据这个故事，干脆把“千金未必能移性”，改成了“千金未必能移姓”，这是说戎昱不愿为娶一个贵族小姐而更改姓氏，表现了他的性格刚正不屈。

叶上题诗

一天，诗人顾况同几个诗友在洛阳皇宫御花园外闲游，忽见从宫中流出的小溪中漂来一片大梧桐叶。顾况一看，奇怪，梧桐叶颜色斑驳，与平日所见不同，便捞了起来。原来，上面有几行娟秀的小字，是一首《题洛苑梧叶上》绝句：

一入深宫里，年年不见春。
聊题一片叶，寄与有情人。

顾况看完，才知是一位宫女写

的。他想，这位宫女不知在深宫里度过了多少个凄苦春秋，无限哀怨，无处诉说，她才做出这种毫无希望、毫无意义的事，题了这么一首诗，向有情人倾吐自己的心思。诗友们见顾况对着一片梧桐叶发呆，也都围上来观看，议论了一番，对这个宫女表示了深深的同情。

顾况回到家中，那可怜宫女的情话使他久久不能释怀。用什么办法给她送去一点安慰呢？他凝视着摆在书桌上的那片梧桐叶，想来想去，脸上露出了笑容。他立即从院里采来一片梧桐叶，然后也在梧桐叶上题了一首诗。第二天，顾况来到御花园外，把题诗的梧桐叶放在御沟的上游，看着它缓缓地漂进宫里去。

御沟传情

顾况在御沟放下一片梧桐叶后，几乎每天都要到御沟来走走，像有所期待。一连十几天过去了，他有些焦急不安起来。他再一次问自己：用梧桐叶寄给宫女的那首诗，难道有什么不妥吗？他情不自禁又吟诵了一遍：

愁见莺啼柳絮飞，上阳宫女断肠时。

君恩不闭东流水，叶上题诗欲寄谁？

这首诗的前两句，是对宫女诗“年年不见春”一句的回答和表示的理解。后两句是说无情宫墙，禁不住东流溪水，把宫女追求美好生活的愿望带向人间，诗人愿为宫女实现愿望、排解痛苦而尽点心力。整首诗对宫女的题诗体察入微，寄予了深切同情。顾况想来想去，觉得没有什么不妥。

一天，顾况正在书斋闷坐，一个诗友破门而入，说是又在御沟捞起一片梧桐叶。顾况连忙接过来，那熟悉的娟秀字迹跳入眼帘。他轻声念道：

一叶题诗出禁城，谁人酬和独含情？
自嗟不及波中叶，荡漾乘春取次行。

宫女既感谢多情的酬和诗人，又哀痛自己竟不如一片随波逐流的树叶，可乘着大好春光自在生活。顾况在一阵欣喜之后，更加为宫女的悲凉命运而哀伤！

新嫁娘诗

喜爱唐诗的人，都熟悉这样一首诗：

洞房昨夜停红烛，待晓堂前拜舅姑。
妆罢低声问夫婿，画眉深浅入时无。

诗的大意是：昨晚新嫁娘成婚入洞房，第二天一大早就起来，准备到堂前拜见公婆。新娘子精心梳妆好后，心里仍然嘀咕，便羞答答悄声问身边的丈夫：你看我画的眉毛，颜色深浅合乎时尚不？这首诗以新嫁娘的口吻，写新婚夫妇闺房生活，新娘子那含羞带娇的情态，那感到新婚生活的幸福却对未来又多少有些不安的问话，都极其精采传神，是一篇不可多得的佳作。

可是，细看诗题《闺意献张水部》，便有些莫名其妙了。难道夫妻生活也需向长官报告？翻阅《全唐诗》，这首诗又题《近试上张籍水部》，更觉文不对题了。夫妻生活与科举考试又有何干？

然而，正是这个题目泄露了天机。原来，诗人朱庆余到京考进士，献这首诗给张籍，作者自比新娘，比张籍为新郎，将主考官比作舅姑（公婆）。这样，诗人的意思就是说：我已经准备好去应考，现在来向您讨教，看看我的诗文是否符合主考官的口味？这真是一个新奇的比喻。

张籍怎么回答他呢？

越女菱歌

张籍得到朱庆余的献诗，不仅喜欢他那轻灵活泼、情趣隽永的诗风，而且以为是一个难得的人才，深深理解他面临科举考试的心情。是的，举子们参加考试，多么像一个女子出嫁，一旦高中，前途无量；名落孙山，则一辈子失意。这就像女子出嫁后，如果得到公婆欢心，则有了美满归宿；否则鸡狗不如，备受肮脏气。于是，张籍写了这样一首诗，明确回答朱庆余：

越女新妆出镜心，自知明艳更沉吟。

齐纨未足时人贵，一曲菱歌敌万金。

朱庆余出生在越州（今绍兴），那是古代出过美女西施的地方。所以张籍的诗，把朱庆余比作越州采菱姑娘，她不仅明艳美丽，光采照人，而且，她的歌声也价值千金。她完全不用暗自沉吟，那些穿着华丽的女人在她面前倒是显得微不足道。张籍的诗与朱庆余诗句句相对应，不仅回答了“入时无”的询问，打消了朱庆余的顾虑，而且高度评价了朱庆余的诗才，给他以真诚的鼓舞。

张籍把这首诗赠给朱庆余，并向他要来新旧诗文，从中精选了二十六篇，到处向人推荐。一时间，朱庆余诗风传都下，后来他果然中了进士。

人面桃花

唐德宗时，举人崔护在长安考进士落第后，仍留在京城，准备再考。次年清明那天，他到城南郊外游春，不知不觉走远了，口渴起来，就走到一户农家讨水喝。

一个十七八岁的姑娘把崔护让进庭院，随即放下茶几、座椅，端来一杯香茶，就默默退去了。崔护坐下，一边喝茶一边随意察看庭院，见庭院一亩大小，整洁清幽，几株桃花，正开得嫩红娇艳。忽然，花丛中，双目流盼，倩姿动人。原来，刚才那姑娘正斜倚在一棵桃树上偷看他。崔护一时看得入神，竟分不清哪是窈窕淑女，哪是盛开的桃花。崔护顿生爱慕之心，禁不住用言语试探姑娘心愿。姑娘只是笑而不答。崔护只好怅然起身告辞。

崔护从城南游春回来，又全身心沉浸在书本中，直到又一年清明，才猛然想起去年的艳遇，便兴冲冲奔往城南庄。

到了姑娘家门外，隔墙望去，又见桃花盛开，门上却挂着一把大锁。崔护顿时心情沮丧，就在门上题了一首七绝：

去年今日此门中，人面桃花相映红。
人面不知何处去，桃花依旧笑春风。

在诗的下面，又题一行：博陵崔护题都城南庄。

束带相迎

韩愈赏识荐拔李贺的故事，发生在韩愈任国子博士分司东都的时候。一天，韩愈送客回来，觉得极度劳累困乏，正解带宽衣，想休息。看门人进来报告说：“大人，门外有一青年求见，这是他呈的诗卷。”韩愈接过诗卷，见第一篇是《雁门太守行》，便随口轻声吟道：

黑云压城城欲摧，甲光向日金鳞开。
角声满天秋色里，塞上燕脂凝夜紫。
半卷红旗临易水，霜重鼓寒声不起。
报君黄金台上意，提携玉龙为君死。

《雁门太守行》是乐府旧题，写的一次残酷战斗。敌方兵临城下，大有黑云压城摧颓之势，而守军浴血奋战，以死报效朝廷。诗写得悲惨壮烈，色彩斑烂，表现出李贺诗歌奇诡瑰丽的诗风。

韩愈读完诗，连声赞叹说：“长吉之诗更臻完美了，十六七岁的青年，有才如此，真可敬可畏啊！”他忙合上诗卷，问：“李贺还在门外吗？”看门人回答说：“还在。”“快请进来！”韩愈完全忘了疲劳，一面重新穿衣束带，一面走出前厅去迎李贺。

苦吟诗人

贾岛是中国古代著名的苦吟诗人。他很穷，家徒四壁，身无半文，后来去当了和尚，更是只有一衣一钵，两袖清风。但他不论行坐寝食，都苦吟不辍。一次，他送僧徒中诗友无可上人外出云游，写了这样一首赠诗：

青峰霁色新，送此草堂人。
尘尾同离异，蛰鸣暂别秦。
独行潭底影，数息树边身。
终有烟霞约，天台作近邻。

贾岛写完这首诗，又在“独行潭底影，数息树边身”二句后，自注一绝：

二句三年得，一吟双泪流。
知音如不赏，归卧故山秋。

为了两句诗，苦苦吟了三年，其中有多少辛苦！现在把它写进赠友人的诗中，一吟就忍不住双泪滚滚。如果这样，还得不到知音赏识，那该是多么凄凉悲哀啊！这首绝句写得很动感情，平日苦吟情景，可想而知。据说，贾岛在每年除夕都要把一年的诗作放在桌子上，斟酒、焚香、跪拜，然后把酒洒在地上，祝祷说：“这是我全年的苦心啊！”这位苦吟诗人，一生中为吟诗不知吃了多少苦头！

推敲推敲

一天，和尚贾岛骑着一头跛驴，走在长安的一条街上，口中念念有词，两手比比划划，不想迎面冲撞了京兆尹（京城行政长官）韩愈的车轿。卫士们把贾岛从驴上拉下来，交坐轿大人问罪。

和尚说：“前日，我去寻访友人李凝。沿着崎岖山路，渐入白云深处。时间晚了，宿鸟投林，山高月小，野草埋径，孤院显得格外幽寂。月下叫醒主人，共叙闲居之乐，并相约后会之期，临行我得《题李凝幽居》诗一首。回来后，反复诵读，总觉得有一字未稳，刚才正想得入神，不意冲撞了大人。”

韩愈一听，来了雅兴，让和尚把诗念出来。于是，和尚念道：

闲居少邻并，草径入荒园。

鸟宿池边树，僧推月下门。

过桥分野色，移石动云根。

暂去还来此，幽期不负言。

和尚念完说："这第四句的第二字，不知是用'推'字好，还是用'敲'字好，望大人指点。"

韩愈听了，沉吟一会儿，说："还是'敲'字好。'敲'字符合情理，且响亮，使清幽意境更显得深远。"贾岛听了，不住点头。

贾岛犯禁

贾岛在长安居住了很多年。一年秋天某日，他也是骑着一匹跛驴，横穿朱雀大街。当时，秋风萧瑟，落叶满地，即景生情，妙句偶得，随即吟成"落叶满长安"一句。贾岛品味再三，十分得意，便搜求对句。他只顾冥思苦想，任凭跛驴自行，不料撞在了京兆尹刘栖楚的轿上。这位刘大人，可不像韩愈那样惜才爱士，不问情由，下令把贾岛关押起来。

这天晚上，可怜贾岛又冷又饿，怎能入睡？渐渐地，便又专心致志地吟起他的诗来。大概是冻馁时时在提醒他此时此刻是秋夜秋凉，他终于求得了佳句续成《临江上吴处士》诗一首：

闽国扬帆去，蟾蜍亏复圆。

秋风生渭水，落叶满长安。

此地聚会夕，当时雷雨寒。

兰桡殊来返，消息云海端。

这首诗思念友人乘船去了福建，月亮已几回圆缺，可仍不见他的船帆回来。诗意无多，算不得好诗。但“秋风生渭水，落叶满长安”一联，却得之自然，形象鲜明，意境开阔，成一代传诵名句。如此，也不辜负他在关押中吃了一夜苦头。

春风得意

孟郊出身寒微，却颇有文才，与人相交，往往自命不凡。他到四十二岁才去考进士，以为博取功名，易如反掌。他给主考官献了一首诗，其中有这样四句：

不有百炼火，孰知寸金精。

金铅正同炉，愿分精与粗。

谁知到考试放榜，这位“精金”竟落榜了。两年后，他再次进京赶考，万万没有想到，新的打击又落在他头上。这一次，他伤心极了，写了《再下第》诗：

一夕九起嗟，梦短不到家。

两度长安陌，空将泪见花。

又过了两年，孟郊第三次进京赶考。这次终于高中。多年的愿望实现了，一切辛酸、屈辱、窝囊气都一扫而光，眼前的一切都焕然一新，变得那么美好。他憧憬着如花似锦的未来，感到前程无涯；他骑着马儿轻快地跑着，饱览春光，无限得意。他按捺不住自己的喜悦，写了《登科后》诗：

昔日龌龊不足夸，今朝放荡思无涯。
春风得意马蹄疾，一日看尽长安花。

后世有人批评孟郊偶不如意，便叹息悲泣；而活到五十岁才得一第，就放荡无涯，吟诗自夸。气量如此狭小，自然不能成大事。

居大不易

诗人白居易年纪轻轻就去长安考进士。按照当时的风气，必须在考前找有名望的人推荐，才可能考中。白居易决定去找顾况。顾况名气很大，凡诗文，他愿意看一遍，就算不错的了；得他再看一遍，就是上等诗文；平庸之作，他则不屑一顾。因此，当时人都称顾况之门是用“金钥匙”锁着的“铁门关”。

顾况看了看面前的羸弱书生，拿起诗卷，见上面赫然写着七个大字：太原白居易诗稿。顾况当即便戏谑地说：“你名叫白居易，当今长安米贵，恐怕‘居’大不‘易’呢！”顾况见

白居易不言语，便打开诗卷读起来。顾况见第一首，便觉得手眼不凡；再看第二首，已觉得平淡中有醇味；读至《赋得古原草送别》，不禁摇首吟诵起来：

离离原上草，一岁一枯荣。
野火烧不尽，春风吹又生。
远芳侵古道，晴翠接荒城。
又送王孙去，萋萋满别情。

顾况吟咏再三，感叹说："作得如此绝妙好辞，即如长安，居又何难！"

顾况称赞白居易的消息风传长安，有人题诗说："顾才子掣开金钥匙，白乐天撞破铁门关。"白居易写《赋得古原草送别》诗，才十六岁。

司空见惯

清晨，刘禹锡一觉醒来，头仍是昏昏沉沉，睁眼见床前两位美貌女郎侍立，不禁吃了一惊，忙问："你们为何在这里？这是什么地方？"

一个女子说："这是驿舍。昨夜官人赴司空酒宴，席上赠司空诗一首，司空因而命奴等在此侍候。"

刘禹锡这才想起来，他赴苏州刺史任，路过扬州，扬州大司马杜鸿渐昨晚设宴相待，席间命妙龄妓女歌舞。刘禹锡因为参加王叔文变法失败，屡遭贬谪，这次又外放苏州，心情十分恶劣。那灯红酒绿、轻歌曼舞的生活，更使他感触万端，悲愤难平，于是一杯接一杯只顾饮酒，渐渐觉得头晕目眩，以后的事也就记不得了。这时听女子说席间有赠诗一事，便问："你能记得昨晚的诗吗？"

女子回答说：记得，奴家吟给你听——

高髻云鬟宫样妆，春风一曲杜韦娘。
司空见惯浑闲事，断尽苏州刺史肠。

杜韦娘是歌曲名。诗的前两句写席间歌妓形象和歌舞的动人；后两句写杜司马和诗人自己的不同心情。刘禹锡听了，再回味昨夜席间醉吟成的这首苦涩的诗，不禁凄然长叹。

侯门如海

书生崔郊从小孤贫，常去姑妈家走动。姑妈家也不富裕，身边只有一个女婢侍候。天长日久，崔郊同姑妈的女婢产生了爱情，两人背着老人山盟海誓，私订了终身。

不料，有一日，老人想到自己的后事，一时计短，竟将女婢以四十万钱的身价卖给了当地军政首脑于頔。等到崔郊得知消息，生米已成熟饭。

崔郊日夜思念女婢，整天在于頔府外徘徊。一天，一辆轿子停在崔郊的身边，崔郊抬头一看，轿中人，正是他朝思暮想的女婢。两人相对垂泪，泣不成声。于府的人催促起轿，无奈何，崔郊赋《赠婢》诀别：

公子王孙逐后尘，绿珠垂泪滴罗巾。
侯门一入深如海，从此萧郎是路人。

绿珠是晋代一美姬，被权臣强逼自杀，此处借指女婢。萧郎，古代常借指女子所恋爱的男性，此处是作者自比。一首小诗，有对侯门的愤怒控诉，也有对女婢的无限眷恋。女婢看后，心如刀绞，在家人再三催促下，含恨离去。据史书记载，于頔是个极其横暴、凌上威下的人物，了解于頔其人，就知“侯门一入深如海”一句的份量了，所以这首诗成为历代传诵的名篇。

解元之争

白居易同徐凝从开元寺看花后回到官邸，对徐凝说："昨日张祜要本官推荐他为解元。你与张祜的才学，我向有所闻，先出两题，请二位精心应试，来日再定高下。"

隔日后，白居易在官邸宴请各方来的考生们。席间，宣布以徐凝为解元，张祜第二，由本州解送长安参加进士考试。张祜不服，说他有《题润州金山寺》诗，前人无有。诗如下：

一宿金山寺，超然离世群。
僧归夜船月，龙出晓堂云。
树色中流见，钟声两岸闻。
翻思在朝市，终日醉醺醺。

这首诗写金山寺挺拔孤秀、江水辽阔壮美的景象。"树影"两句，尤为时人称道。

徐凝已操胜券，很不客气，说："君诗美则美矣，无奈不如我的《庐山瀑布》诗：

虚空落泉千仞直，雷奔入江不暂息。
今古长如白练飞，一条界破青山色。

白居易听了徐凝、张祜的争论，认为徐凝诗写庐山瀑布气势雄奇，是赛不得的。

张祜听了，叹息不已，以为白居易评判不公，愤然离开了杭州。

投靠有术

每次科举考试放榜后，金榜题名的个个踌躇满志，身价百倍，拜座主，认同年，曲江赴宴，雁塔题名，忙得不亦乐乎。那些名落孙山的，无不垂头丧气，牢骚满腹，他们大多用手中的笔写打油诗，嘲骂主考官有眼不识金香玉，错把明珠当砂砾。唐宪宗元和十三年那次考试，有个考生叫章孝标，却别有一番心计。他落榜了，也写了一首诗给主考官庾承宣，诗题是《归燕词》，诗是这样的：

旧垒危巢泥已落，今年故向社前归。
连云大厦无栖处，更傍谁家门户飞？

章孝标把自己比作燕子。诗的意思是说，旧巢已不能居住，为寻找新巢才进京赶考，不料高耸入云的京城大厦没有自己栖身的地方，自己更不知飞向谁家门庭。可谓满纸辛酸，一腔苦水。章孝标为什么要向主考官诉说呢？“我是专门来投靠主考官您的呀，除了您，我不知哪儿还有知己！”看，章孝标对主考官是多么忠诚！用意十分清楚，话却委婉。庾承宣读了诗后，果然深受感动，起了哀怜之心。后来，庾承宣再任主考官，便录取了章孝标。

真金不镀

章孝标在长安前后参加了十年科举考试，他中进士时，已经是垂老白头人，想到自己先前的艰辛屈辱生活总算结束了，如今是衣锦还乡，门庭增辉，在欣喜中，写了《寄淮南李相公绅》诗一首，给当年赏识过自己的李绅。诗如下：

及第全胜十政官，
金鞍镀了出长安。
马头渐入扬州郭，
为报时人洗眼看。

李绅在扬州得到章孝标寄的诗，一面为章孝标终于高中而由衷高兴，同时又感到章诗中有一种气轻意浮、忘乎所以的情绪。考了十年才进士及第，得一第就觉得强过十次升官进爵，生怕时人不识他新科进士的身价，竟急不可待地通报人家洗眼相看。这岂不有点得意忘形了！李绅考虑再三，写了《答章孝标》诗及时告诫朋友：

假金方用真金镀，若是真金不镀金。

十载长安得一第，何须空腹用高心。

李绅的话说得很直切，很尖锐，尤其是一、二两句，堪称至理名言，足以警世后人！

诗书兼美

一年夏天某日，唐文宗闲暇无事，同翰林院诸学士在便殿联句。唐文宗首先即景吟了两句：

人皆苦炎热，

我爱夏日长。

吟罢，要学士们接下去。这时，柳公权续道：

熏风自南来，

殿阁生微凉。

因为有柔和的南风吹来，所以

殿阁里很凉快。这是对文宗诗“我爱夏日长”的巧妙解释。诸学士一阵叫好之后，依次联吟下去。最后，唐文宗评定说：“朕最爱柳卿的一联诗，词清意足，与朕的两句诗，浑然一气，不可多得。”

柳公权是当时著名的书法家，唐文宗一直十分宝爱他的书法。今天得了如此好诗句，便要柳公权题写在殿壁上，想兼得诗文与书法之美。瞬时，十个五寸见方的大字赫然出现在殿壁上，笔法庄丽，结体遒媚，在严谨中见疏朗开阔的气度。唐文宗观赏良久，赞叹说：“即使钟繇、王羲之两位大书法家再生，也不能过啊！”

讽君艺术

唐文宗君臣联句的故事传到宋代，文坛巨匠苏轼对柳公权的两句诗大不以为然。苏轼用近乎骂人的口吻说：“柳公权这小子，同文宗联句，一味甜言蜜语，拍马屁，半句规劝的话也不说。我来补两联，凑成一篇，戳戳他的脊梁骨。”于是，两代人相隔近二百年，共同留下了一首诗：

人皆苦炎热，我爱夏日长。
熏风自南来，殿阁生微凉。
一为居所移，苦乐永相忘。
愿言均此施，清阴分四方。

诗的大意说：因为居住条件不同，彼此苦乐不通，君王哪里还记得百姓的痛苦？自古都把讽劝人君作为忠臣的美德，苏轼就是这样来要求柳公权的。

后世对苏轼批评柳公权有各种看法。有人说，柳公权诗已有讽劝之意，只是很含蓄委婉。有人说，柳公权诗并无讽劝之意，也不必有讽劝之意。时时事事规讽，尤其在从容谈笑、宴饮娱乐之时，动不动绷着脸进谏，容易使人生厌；再说毫发不容，只注意细枝末节，反而会使人君忽略了大事，有所宽才能有所禁嘛。要不要讽谏，何时讽谏，不仅见为人，亦见讽谏艺术！

升庵改诗

杜牧在步入仕途后，先后在江南扬州、池阳等地生活过十几年，饱览了江南的秀丽风光，写过不少优美的抒情写景小诗。

又一个春天来了，春色无边的江南，水村、山廓、佛寺、酒旗都掩映在绿的海洋，花的世界中；春风吹来绵绵春雨，雨淡如烟，轻灵空蒙，迷迷茫茫，雨中江南显得更加神奇渺远了。诗人置身如此明丽清雅的景象中，顿生无限诗情，赋成千古传唱的《江南春绝句》：

千里莺啼绿映红，水村山郭酒旗风。
南朝四百八十寺，多少楼台烟雨中。

明人杨升庵对这首杜牧诗的传世版本有疑问。他说：

"'千里莺啼'，谁人听得？'千里绿映红'，谁人见得？若作十里，则莺啼绿红之景，村郭楼台，僧寺酒旗，皆在其中矣。"

但是，人非千里眼、顺风耳，即使是"十里莺啼"就能听见？"十里绿映红"就能看见？诗人歌咏的是广阔江南春色，怎可囿于"十里"的狭小天地！着意"千里"，才能写尽瑰丽清秀的江南美景，容纳诗人凭吊遗迹、千古兴亡的无限感慨。诗中的"千里"，并非确数，而是诗人心往神驰的范围，是活用，不能读死了。杨升庵之见，不免过于书呆子气了！

扬州梦醒

杜牧少有才华，刚直有气节，忧国忧民，敢论列天下大事。但他极不得志，曾任淮南节度使牛僧孺掌书记。当时的扬州，在九里三十步街中，秦楼楚馆相连，美女娇娃填屋。杜牧既然潦倒江湖，在供职之外，唯以游宴为事，出入其间，竟无虚夕。

后来，杜牧升监察御史，赴长安。在离开扬州时，牛僧孺为他饯行。席间，牛僧孺对杜牧说："你此次入朝，是你施展抱负的好机会，但我担心你生活放荡，不知节制，危及前程。”

杜牧以为他在扬州的日常生活无人知道，便谎称说：“下官所幸一向生活检点。”

牛僧孺笑笑，令人取来一个小书箱，当着杜牧的面打开，里面是几百件密报，上面都写着：“某夕，杜书记过某家，无恙。”“某夕，宴某家，无恙。”原来牛僧孺派了三十个役卒，换了便衣，一直暗中保护他。杜牧看了，惭愧悔恨，泣拜致谢。杜牧到了晚年，还怀着往事如梦、不堪回首的心情，写了这样一首《遣怀》诗：

落魄江南载酒行，楚腰肠断掌中轻。
十年一觉扬州梦，赢得青楼薄倖名。

竖子改诗

晚唐诗人魏扶在唐文宗大和四年中进士。十几年后，他成了进士考试的主考官。按照规定，在考试前，他同几位副手要在试院整整幽居五十天，大约也是怕泄露试题。在试院终日无事可作，几个人只有赋诗解闷。魏扶当时赋了这样一首诗：

梧桐叶落满庭阴，锁闭朱门试院深。
曾是当年辛苦地，不将今日负初心。

诗的大意是，试院紧闭，与世隔绝，孤寂无聊；这儿曾是自己多年辛苦攻读、求得进升的地方，如今自己来当主考官了，一定要为国家选录良才，不辜负建功立业的初心。

这次考试放榜后，一个落第举子满腹怨气，无处发泄，在试院看到这首诗，就把它的头给掐了，改成一首五言诗：

叶落满庭阴，朱门试院深。
当年辛苦地，今日负初心。

这首诗同原诗的前三句意思都没变，只有最后一句与原句意思全拧。这个落第举子是讽刺主考官辜负了为国家选录贤才的初心，把他这样的贤才给遗弃了。

绿林豪客

诗人李涉在中唐颇有名气。一天，他行船夜泊皖口井栏砂，天上没有星月，伸手不见五指，只有夜雨“哗哗”下个不停。李涉在舱里读书解闷。突然，船上响起一片杂乱的脚步声。

“谁?”

“船上什么人?”

“李山人。”

李涉正要探问究竟，一个彪形壮汉手提大刀撞到跟前，双手一拱，说：“敢问果真是李涉李大人吗？”

“在下正是，壮士有何见教？”李涉回答。

壮汉说：“久闻大人诗名，今夜幸会。如得大人题诗一首，平生足矣。”然后转身对跟进来的手下人喝道：“不许抢掠！”

李涉面对此情此景，心潮起伏。安史之乱以来，天下纷纷，多少善良百姓被逼得走投无路啊！他当即写成一首小诗，赠给这位绿林豪客：

暮雨潇潇江上村，绿林豪客夜知闻。
他时不用逃名姓，世上如今半是君。

诗中充满了对绿林豪客的真挚同情与理解。壮汉得了诗，道声谢，同他的一伙人迅速走出船舱，转眼消失在夜幕中。

烧烛三条

唐代科举制度甚酷，有时诗、词、文、赋、贴经，连试五场。举子们在试院里从清晨到日午，从日午到夜初，煞破一生心，往往不能完卷。

唐武宗朝一年秋试，举子薛能在试院已熬了整整一天，仍然不知这场“贴经”试题是从哪个旮旯里找出来的。天渐渐黑了，淡淡秋月爬上了树梢，举子们纷纷点燃蜡烛。一时间，阴森的试院里，跳动着千百支昏黄烛光。一支蜡烛燃尽了，两支燃尽了，不少举子仍在搜索枯肠。眼看第三支蜡烛也燃了多半。这时，从主考官的帘子后边，传来了戏嘲的声音：“三条烛尽，烧破举子之心啰！”

原来，按考场规定，烧尽第三支蜡烛，考生必须交卷。不知是哪个举子，听了主考官的嘲笑，故意怪声怪调地回答：“八韵赋成，惊破试官之胆哩！”

薛能听了这一嘲一笑，竟触动了才思，挥笔立成《省试夜》诗：

白莲千朵照廊明，一片承平雅颂声。
更报第三条烛尽，文昌风景画难成。

这首诗做得很快，可惜不是当场考试答卷，结果自然可知了。

雍陶送客

雍陶在四川雅州任刺史。一天，他带着一帮幕僚到郊外送客。来到一座小桥边，客人再三请主人留步，说就在此桥边作别。

雍陶问身边的幕僚：“这叫什么桥？”

一人回答说：“情尽桥。”

"情尽桥？怎么取了这么个名字？"雍陶很奇怪。

"本地人送客，很多都在此分手道别，想是人走茶凉，故名'情尽桥'吧！"

"笑话！"雍陶大不以为然，说："君不闻，一别一千日，一日十二忆吗？自古以来，只有'情'这种东西难舍难尽。"雍陶见桥两岸垂柳依依，临风摇曳，想到自古送行都折柳相赠，便说："还是把'情尽桥'改名'折柳桥'吧！"说罢，作《题情尽桥》诗一首，以记其事：

从来只有情难尽，何事名为情尽桥？
自此改名为折柳，任他离恨一条条。

后来，雍陶命人在桥头修建了一座驿馆，供过往客人休息。他的这首《题情尽桥》诗也刻在馆中院墙上。从那以后，人们都叫这座桥为"折柳桥"。

轶名诗话

一天，明人杨升庵同弟弟杨未庵一起饮酒，谈论诗文。杨未庵说："阿哥，小弟诵一首绝句给你听听：

亭亭画舸系春潭，直到行人酒半酣。

不管烟波与风雨，载将离恨过江南。

阿哥认为这首诗如何？"

杨升庵又吟诵了两遍，说："嗯，是一首很有韵味的好诗。行人乘船即将远去。饯行酒已经喝了一杯又一杯，多少离愁别恨，多少留恋劝慰，道不尽，说不完。不忍离别，却要离别，只待人醉，不省前程烟波风雨，糊涂解舟去，去则去了，去后酒醒，仍然是满怀离恨。文极淡远清怨，情极悱恻婉曲，令人一咏三叹。"

杨未庵说："阿哥说得极是。阿哥知道这是谁的诗吗？"

杨升庵想了想，说："我记得《宋文鉴》载此诗为宋人张文潜作。"

杨未庵说："不，这是唐朝人郑仲贤的诗，小弟是在《草堂诗余》一首诗下的注释中看到的。"

"原来这样。唐诗中传世佳作，有不少作者的姓名都已湮没不为人知了，这实在是件遗憾的事！"杨升庵叹惜说。

诗忌字重

唐大中十二年，进士考试接近尾声，主考官李藩把初录名单及试卷送宣宗过目。宣宗见到一张试卷上有一首用字重复的试帖诗，问李藩：“考生们的诗中用字重复，有先例吗？”

李藩回答说：“一首诗仅五六十个字，用字忌重复，方是上乘之作。不过确也有例外。一百年以前，钱起应试，写了一首《省试湘灵鼓瑟》：

善鼓云和瑟，尝闻帝子灵。
冯夷空自舞，楚客不堪听。
苦调凄金石，清音入杳冥。
苍梧来怨慕，白芷动芳馨。
流水传湘浦，悲风过洞庭。
曲终人不见，江上数峰青。

这首诗中就有两个“不”字，当时也被录取了。”

宣宗听了，笑着说：“这首诗写湘水神女思念舜帝，在江边鼓瑟，音乐美妙无比，感动了河伯和香草，传遍了楚湘和洞庭。这是一首无声的诗，又是一曲有声的音乐，尤其最后一韵，余音绕梁，已成世代传唱的名句。你呈上的这位考生的诗，虽也是用字犯了重复，怎么可以同钱起的诗相比呢？”这位考生便因此落榜了。

瀑布联句

唐宣宗李忱是唐宪宗的第十三子，因受武宗忌恨，曾匿姓埋名，去寺院做了和尚。一次，他出外云游遇黄蘗禅师，两人一同上庐山观看瀑布。近看瀑布，一落千丈，云蒸霞蔚，不见源头；远望瀑布，“飞流直下三千尺，疑是银河落九天”。二人面对如此壮观，都兴奋无比。黄蘗禅师说：“我咏成一联诗，但下韵却接不上了。”李忱说：“吟来我听，或可续之。”于是，黄蘗禅师吟道：

千岩万壑不辞劳，远看方知出处高。

李忱应声续道：

溪涧岂能留得住，终归大海作波涛。

二人吟完，相对大笑。原来，刚才联句虽是一时即景偶得，但黄蘗禅师知道李忱的底细，因此有意暗射李忱的身世和处境，那意思是，李忱如山涧的涓涓细流，经历了千难万劫，终于汇成了不可遏制的瀑布，而且“出处”极高，具有浑宏远大的志趣胸襟。李忱当然也明白黄蘗禅师的寓意，因此也顺势袒露了自己不甘寂寞、思有作为的情怀。这首诗气势磅礴，寓意深刻，是一首情理兼胜的好诗。

诗言志辨

一天，唐宣宗临朝问事，礼部奏道：“杭州刺史人选未定，请皇上御示。”宣宗问：“令孤丞相，可否举荐一人？”丞相令孤绹出班奏道：“臣以为李远可以为杭州刺史。”宣宗一听，若有所思地说：“李远，朕记得他有这样两句诗：

青山不厌三杯酒，长日唯消一局棋。

古人说，诗言志。以此两句诗，察李远之志，他的志向只在山水之乐，杯酒之趣，外加一盘棋具。终日无所事事，在无聊中消磨时光，还不思振作。这种人，怎么能治理一州大事？”

令孤绹回答说：“皇上说得甚是。不过，诗人之言，也不可都信以为真，他们有时只不过触物兴怀，随意抒写性灵。一时遣兴之语往往与平生志趣相去甚远。臣察此人任忠、建二州刺史时为官清廉，颇有政绩，诚堪任用，请皇上圣鉴。”

宣宗听了这番话，说：“丞相所言也自成理，此正所谓诗者不可以辞害意，无聊诗句咏吟太多，终不是好事。这次就依卿奏吧！”

这样，李远才出任杭州刺史。

永丰杨柳

唐宣宗即位前，一天同几个侍臣宴乐，席前乐工歌妓们演唱《杨柳枝词》：

一树春风千万枝，嫩于金色软于丝。
永丰西角荒园里，尽日无人属阿谁。

前二句写春风拂柳，秀色夺目，柔媚多姿；后二句笔锋一转，谓如此垂柳，本该受人珍爱，因不得其地，备遭冷落。

宣宗听了，觉得这首词写得风致翩翩，极有情韵，便问："这首词是谁作的？"一个近臣回答说："是太子少傅白居易。"宣宗问："永丰在哪里？"答："东都洛阳有永丰坊。"宣宗又问："白少傅此词有何寄兴吗？"答："白少傅有侍女名樊素，善唱杨柳枝词。开成四年十月自少傅病重，便放樊素自择良家，樊素跟白少傅十年，不忍离去，白少傅十分感动，写了《不能忘情吟》和《别柳枝》诗。"《别柳枝》诗是这样的：

两枝杨柳小楼中，袅袅多年伴醉翁。
明日放归归去后，世间应不要东风。

宣宗说："原来白太傅还如此多情。既如此，你们明日派人去东都永丰坊，摘取两枝杨柳来，植在御花园中。"从此，永丰杨柳增价十倍。

●生吞活剥

文坛上沽名钓誉、剽窃抄袭之风自古有之。唐朝枣强县尉张怀庆就好偷窃名人文章。

李义府曾作《题美人》诗：

镂月成歌扇，裁云作舞衣。
自怜回雪影，好取洛川归。

这首诗描写一位舞女手中拿的小小素绢团扇，宛如镂刻的明月；身上穿的舞衣轻柔绚丽，就像剪裁下的云彩；她那轻盈飘洒的舞姿，连她自己都觉得可爱。这样的美女，大约就是洛水女神下界。诗无深意，但写得华美生动。于是，张怀庆看中了，就全诗偷来，改成下面一首诗，作为己出：

生情镂月为歌扇，出意裁云作舞衣。
照镜自回追雪影，时来好取洛川归。

偷袭剽窃他人诗，终究不能掩人耳目，当时就有人嘲笑他说：

活剥王昌龄，生吞郭正一。

郭正一是唐太宗时代人，久在中书省执政，朝廷文书多出其手；王昌龄是唐玄宗时著名诗人，与高适、王之涣齐名。大约因为郭、王二人先后被杀害，因此人们把张怀庆剽窃他人文章比作“活剥王昌龄，生吞郭正一”，可见其可恶可憎。

悯农诗人

中唐诗人李绅六岁死了父亲，母亲亲自教他诗书。他长得矮小精悍，而诗名早著，人称“短李”。李绅虽是相门之后，生长在无锡，对人民的生活疾苦却十分关心。他在二十多岁时就写了《悯农》诗二首：

春种一粒粟，秋收万颗子。
四海无闲田，农夫犹饿死。

锄禾日当午，汗滴禾下土。
谁知盘中餐，粒粒皆辛苦。

这两首小诗浅易通俗，却感情凝重，内容丰富。普天农民不避寒暑，用自己的血汗换来粮食满仓，可是农民们得到的是什么呢？是饿死！又有谁对他们寄予了理解与同情？诗人这火一般的激情，是通过诗表现出来的。

李绅在考进士前，拿着自己的诗卷去请吕温推荐。吕温同齐煦一起谈论起李绅，读到这两首《悯农》诗，都赞不绝口。吕温说：“民以食为天，国以农为本，懂得这个道理，方能治理天下。李绅能写出此诗，将来必为卿相。”

后来，李绅果然官至宰相，做了很多劝农利民的事。

西施再世

一天，唐人王轩游会稽苎罗山，寻访西施遗迹。王轩来到浣纱溪，见到浣纱石，恨不见当年浣纱人，顿生无边惆怅，便在山石上留诗一首：

岭上千峰秀，江边细草春。
今逢浣溪石，不见浣溪人。

王轩刚题完诗，回头见一女子，素雅俊秀，小巧娇媚。王轩正要回避，女子说："小女子正是西施，自从离了越国去吴宫，至今素衣千载无人识了。今日见相公题诗，十分感动。相公题诗虽然美，只是不知相公想见小女有何话说?"

王轩听了，好不诧异，千载而下，怎得重见西施？可是注目凝视，眼前确是一个水灵灵、活泼泼的江南美女，也许今日西施即如当年西施吧。于是，王轩就小女子的询问，又吟一绝：

当时计拙笑将军，何事安邦赖美人?
一自仙葩入吴国，从兹越国更无春。

王轩复见西施事，不久就传开了。有个叫郭凝素的人羡慕不已，也去游浣纱溪，并在山石上题留了无数首诗。可是，就是不见西施来。于是，一个无名子题诗嘲笑说：

借问东邻效西子，何如郭素学王轩？

东施效颦，犹有实实在在的对象；郭素学王轩，却是地地道道的想入非非了。

吕洞宾传

俗语有“八仙过海，各显神通”，“八仙”之一的吕洞宾，尤其传得神乎其神。其实他是历史上的真实人物，长安人，唐懿宗咸通初年中进士，授官。以后弃官携家隐居长安城南的终南山。他虽然遁迹江湖，访道炼丹，却十分关心世事。他走到哪里，就在哪里铲恶除邪。

一天，吕洞宾游庐山真寂观，突然拔出佩剑，向一块巨石劈去，顿时火花四溅，巨石留下一道深深的剑痕。道士侯日晦见了，问：“先生佩带如此宝剑，有何用处？”吕洞宾说：“砍尽地上一切不平事！”道士听了，心中大异，连声说：“请大仙道观小坐。”吕洞宾随道士进了一间净室，道士端出酒果相待，说：“先生容貌清高，必非尘世凡人！”吕洞宾笑笑说：“你我饮酒吧，不必穷问我的来去。”两人饮酒多时，吕洞宾终于大醉，他乘酒兴，用筷子醮墨，就在墙上写了一首剑诗：

欲整锋芒敢惮劳，凌晨开匣玉龙嗥。

手中气概冰三尺，石上精神蛇一条。

奸血默随流水尽，凶豪今逐渍痕消。

削除浮世不平事，与尔相将上九霄。

吕洞宾书毕，投箸长啸而去。道士侯日晦望着他的背影，连声赞叹："好志向！好气概！"

非神非仙

据说八仙中的吕洞宾百余岁而童颜，剑术高超，步履轻疾，顷刻行数百里，故世以为神仙。

一次，吕洞宾云游长沙，手捧小瓦罐乞钱。乞得一个，便扔入瓦罐，说也奇怪，无论乞得多少，他的罐子总也装不满。恰巧，有个年轻和尚推着一车铜钱，对吕洞宾开玩笑说："嗨，老道，你那小罐子能把这一车钱都装下吗？"吕洞宾看了看小和尚，把小瓦罐的口子对着车子，口中念念有词，只见载钱的车子，缓缓进入小瓦罐肚中，车子还嘎嘎有声。小和尚看得呆了，竟没有看清车子是怎么进入吕洞宾的小瓦罐的。过了好一会儿，小和尚回过神来，问吕洞宾："大仙用了什么法术？"吕洞宾哈哈一笑，口占一诗：

非神亦非仙，非术亦非幻。

天地有终穷，桑田几迁变。

身固非我有，财亦何足恋。

曷不从吾游，骑鲸腾汗漫。

吕洞宾确实“非神非仙”，他大约是个魔术大师，人们不易识破，才以为他有什么仙术吧！关于他的传说和诗，表达了人民对钱财富贵的蔑视。

冬烘先生

唐代安史之乱后，国家一直处在动荡和战乱中。一年，吏部侍郎郑薰主持省试，在判卷取士时，忽然看见一张试卷上写着“颜标”二字，他不禁一喜，思忖道：“这个颜标，莫非颜鲁公颜真卿之后？想当年，安禄山作乱，河南河北一时土崩瓦解，唯独平原太守颜真卿募集万余兵民坚守孤城。后来，功虽不成，其忠烈之志足以表扬后世。现在国家不宁，正需激励勋烈奋力国事，若取颜鲁公之后为状元，岂不是件大好事？”郑薰想到这些，又仔细端详起试卷来，“嗯，这颜标定是颜鲁公之后，看这书法，正得鲁公遗风。”

就这样，放榜之日，颜标名列榜首，成了新科状元。

第二天，新状元拜谒座主。从容谈话中，郑薰问颜标：“状元公家庙院飨祀如何？”颜标说：“学生家世微寒，尚无庙院。”郑薰听了，一怔，然后才恍然醒悟，是自己弄错了。

这事传开之后，一个无名子写诗嘲笑说：

主司头脑太冬烘，错认颜标作鲁公。

郑薰也是忧国心切，办了件糊涂事。后世舍弃了这个故事本身，常用“冬烘先生”来形容那些糊涂迂腐的人。

文人相轻

罗隐和曹唐同是晚唐诗人，诗坛齐名。曹唐志趣淡远，追慕仙人高情，写了不少游仙诗。罗隐则热中功名，累试不第，对黑暗世态多激愤语。

一天罗隐见到曹唐，说：“兄长游仙之诗甚佳，近日怎么作起鬼诗来了？”

曹唐迷惑地问：“此话从何说起？”

罗隐说：“兄诗‘洞里有天春寂寂，人间无路月茫茫’，读之冷气森森，令人心黯神丧，此非鬼诗吗？”

曹唐听了，说：“那是贤弟有意误解。如此，贤弟的牡丹诗，也非咏真牡丹。”罗隐问：“不知是哪一首？”

曹唐吟道：

似共东风别有因，绛罗高卷不胜春。
若教解语应倾国，任是无情亦动人。
芍药与君为近侍，芙蓉何处避芳尘？
可怜韩令功成后，辜负秾华过此身。

曹唐吟完，说："此只一画上牡丹耳！"

曹唐罗隐相嘲的故事，古书多载。文人相轻，自古而然，各以所长，相轻所短，结果是非蜂起，良友成仇。元人辛文房感叹说："文德兼备，古今所难啊！"

一字之师

晚唐诗人郑谷，既有诗名，为人又极谦逊。一天，诗僧齐己兴冲冲地拿着自己的新作《早梅》诗来向郑谷请教。

郑谷拿过诗笺，轻轻吟道：

万木冻欲折，孤根暖独回。
前村深雪里，昨夜数枝开。
风递幽香去，禽窥素艳来。
明年如应律，先发映春台。

郑谷反复吟诵了几遍，一边品味，一边赞叹。寒凝大地，万木都要冻折了，只有梅花在凝聚着春回大地的暖气。一夜之间，在皑皑大雪的村外，数枝梅花绽开了素艳的花朵，幽香随风飘溢，禽鸟也快乐地来窥视。诗由远及近，由大而小，由虚而实，写得多么鲜明，多么有层次。不过，郑谷说：“诗的第二联似可再斟酌。花开枝头，总有先后，只是人们不易察觉，往往以为数枝同时开放。这首诗吟早梅，说数枝开，已不为早，不如改为‘一枝开’。”

齐已性极聪慧，经这一点，连声说：“好极，好极，改此一字，精神倍出，你真是我的一字之师啊！”

闲话足球

踢足球，是当今世界最热门的一项体育运动。中国恐怕是世界上最早开展足球运动的国家之一。在西汉，踢足球叫做“蹴鞠”，球用皮革缝制，以毛填实。到了晚唐，则早已风行充气皮球了。

晚唐有个诗人叫皮日休，他为人慷慨耿直，狂放不羁，对黑暗腐朽的社会多愤世嫉俗之语，所以他自号“闲气布衣”，意谓天地间的不平之气都集于他一身。他这样立身处世，自然为世不容。于是，有归氏子弟就拿皮日休的名字做文章，写了这样一首诗：

八片尖斜砌作球，火中燖了水中揉。

一团闲气如常在，惹踢招拳卒未休。

再话足球

足球运动在中国宋代已十分普及。苏州举人李璋在习业之外就好踢足球。一天，与几个同窗学友踢球，玩得正高兴，李璋一脚飞起，足球踢到一丈八尺高，这在当时，可算球艺超群了，围观的人不禁齐声喝彩。谁料球落下来，正掉在一个富家女子头上，把她头上的翡翠首饰砸坏了。一时间，这家人主仆蜂拥而上，揪住李璋，讼于官府。

太守问："被告果然是本州举人李璋吗？"

"学生正是。"李璋回答说。

太守说："本官久闻你有诗名，就当堂以你踢球误毁良家妇人首饰为题咏首诗吧。如果名实相符，本官不以游戏责秀才；如果名实不称，杖责四十，逐出公堂！"

李璋听了，不稍思索，便应声吟道：

偶与朋游，闲筑气球。
起自卑人之足，忽升娘子之头。
方一丈八尺之时，不妨好看；
吃八棒十三之后，着甚来由！

太守听了，放声大笑，说："好诗，好诗！恩准以诗代罪，以后找个好地方踢球吧！"太守当堂放了李璋。

●黄巢吟菊

黄巢是唐朝末年农民起义军的领袖，他从小善诗能文。黄巢刚满五岁那年秋天，西风飒飒，寒霜铺地，种满庭院的黄菊盛开了，金灿灿，黄澄澄。他的父亲和一位老翁在院中赏菊赋诗，他在一旁侍候。见老翁徘徊了许久，怎么也吟不成一首诗，黄巢着急了，信口续吟道：

堪与百花为总首，自然天赐赭黄衣。

赭黄衣是帝王穿的衣服，这两句诗是说天赐菊花为百花之王。黄巢吟出这样的诗，父亲十分生气，抬手就要打他耳光。老翁连忙制止说："何必动怒，此诗正见小儿志向，可令他重赋一首菊花诗。"老翁话音未落，黄巢应声吟成《题菊花》诗：

飒飒西风满院栽，蕊寒香冷蝶难来。
他年我若为青帝，报与桃花一处开。

青帝是司春之神。黄巢诗说，秋天菊花虽然开得很好，却因"蕊寒香冷"而很少人欣赏。如果让他来做青帝，他会让菊花与桃花一起在春天开放。

小小年纪的黄巢，吟出这样气魄宏大的诗句，他的父亲和老翁都惊呆了。

闺妇嘲僧

唐代陆蒙的妻子蒋氏聪明博学，诗文皆美，酷嗜饮酒，颇有须眉才子的风度。蒋氏的姊妹们常常劝她，诗文可作，酒却该少饮。她只当没有听见，反而举杯行吟，故意气她们：

平生偏好饮，劳尔劝吾餐。

但得杯中满，时光度不难。

酒助诗兴，诗摅情怀，个中奥妙，一般人是难以体会的。姊妹们见蒋氏这么疯疯颠颠的，更少不了絮叨。

当时有个和尚叫知业，诗名不小，与陆蒙交往密切。一天他来到陆家，与蒋氏谈玄论诗。蒋氏让婢女送酒果来。知业和尚说："贫僧佛门子弟，谨依教规，守戒不饮了！"

蒋氏嗤嗤一笑，说："这可是真的？我记得和尚有这样两句诗，'接岸桥通何处路，倚楼人是阿谁家'。佛门十戒，有不偷、不淫、不嗜酒之类，观此两句诗的风韵，和尚色欲未去，能不饮酒吗？看来，出家人也有口是心非的！"

知业和尚听了，顿时羞愧满面，当即托辞告退。蒋氏望着和尚的背影，微微含笑，抑制不住她那机敏嘲僧的得意心情！

愁肠难画

五代末年，濠梁人南楚材漫游陈国的颍州，颍州太守见他胸存大志，一表人才，想把女儿许配给他。南楚材当时已娶薛媛，但受颍州太守恩宠，又没有勇气拒绝，便派书僮回濠梁家中把琴书取来，以作长久之计。

书僮见到薛夫人，说明为什么回家。薛氏问：“官人有书信吗?”书僮说：“没有。只要小人来家取他的琴和书籍。”薛氏又问了南楚材在颍州的一些情况，知道丈夫不回家的原因了，心中暗自悲伤。薛氏是书香门第的闺秀，善书画，工诗文。这时，她取出镜子，对镜子端详了半日，禁不住热泪滚滚。她拭干眼泪，多情地画了一幅肖像，然后在画像一角题了一首五言诗：

欲下丹青笔，先拈玉鉴寒。
已惊颜索寞，渐觉鬓凋残。
泪眼描将易，愁肠写出难。
恐君浑忘却，时展画图看。

薛氏写完，命书僮带给丈夫。南楚材见到妻子的自画肖像和题诗，想到妻子容颜憔悴、寂寞空房，泪眼描画、愁肠寸断的情景，顿感自己对不起忠贞贤惠的妻子，便婉言谢绝了颍州太守的议婚，立即回到了妻子的身边。

自讨没趣

晚唐崔刍言郎中在越州任职时，一次宴客，歌妓周德华演唱的《杨柳枝》词引起阵阵喝彩。

座中秀才裴诚和温歧二人是好友，也好作歌词，听了周德华的演唱，特别兴奋。裴诚对温歧说：“周德华是当今名妓，果然色艺双绝，何不让她唱唱我们写的《杨柳枝》词？经她一唱，你我定会名声大振。”

“好主意！”温歧说罢，便向周德华提出这个要求，周德华微微点了点头，又接着唱下去：

碧玉妆成一树高，万条垂下绿丝绦。
不知细叶谁裁出，二月春风似剪刀。

裴诚摇摇头，说：“这唱的是贺知章词。”

温歧说：“别急，听她再唱。”

春江一曲柳千条，二十年前旧板桥。
曾与美人桥上别，恨无消息至今朝。

“这又是刘禹锡词！”裴、温二人听周德华一连唱了七八篇《杨柳枝》词，却无一首是他二人的大作，终于急了，恼怒地质问周德华：“你一下贱歌妓，怎敢怠慢我等？”周德华说："是的，奴家下贱，但也知大人歌词太浮艳靡烂了，故不敢传扬。"二人愧恨，拂袖而去。

月明万国

宋太祖赵匡胤派重兵包围了南唐京城金陵，南唐后主李煜遣翰林学士徐铉奉表请求缓师。太祖临朝，召见徐铉。

太祖说："徐学士，你们后主仍然是终日花前月下，诗酒歌舞，不知末日临头吗？"

徐铉说："虽然大宋兵临城下，我朝尚有十万大军，又何足虑哉？我主风流倜傥，何事又能败他雅兴？"徐铉知道赵匡胤是武夫出身，便闭口不谈军事而极口赞颂后主如何多才多艺，振振有词，侃侃而谈。

太祖听了，哈哈大笑，说："那么，后主有何近作，可诵来朕听听。"

徐铉说，有《咏扇》篇，为天下传诵——

揖让月在手，动摇风满怀。

太祖不等徐铉诵完，说："够了，这不过是穷书生的馊话，朕就不屑于咏这样的诗。朕也有两句咏月诗：

未离海底千山黑，才到天中万国明。

李煜满怀之风，何足当也！"

一个朝臣说："李后主诗，不过是一己的玩风弄月，十足小家子气，哪如陛下诗句，雄视天下，光照人间，真正帝王之风!"

徐铉听了，不觉自惭形秽，无地自容!

依样葫芦

五代时，后周的翰林学士陶谷出使南唐，南唐人不满陶谷的傲慢态度，用美人计设下圈套，陶谷中计，弄得臭名昭著。赵匡胤建立大宋朝后，知道笼络人才的重要，陶谷也得以留任朝廷。可陶谷自恃才学，不甘寂寞，早晚汲汲于名利，总觉得宋太祖赵匡胤没有重用他。于是，他就请同党在太祖面前为他吹嘘，说陶翰林是如何难得的人才。太祖听了，笑笑说："陶学士在翰林草拟诏书，只是翻捡前人旧本，改换些词句，一无新意，都不过依样画葫芦罢了，朕不见他有何才能。"

陶谷听了，好不憋气，就以"撂挑子"相要挟。他对太祖说："臣无德无才，今又老朽，不胜其职，乞请罢归，颐养天年。"

太祖深知其人，便幽默地说："卿现任翰林承旨，一向只依样画葫芦，此官有何难作？且作！且作！"

陶谷碰了一个软钉子，知道晋升无望，心里好不凄凉，便在玉堂粉壁题了一首自嘲诗：

官职须由生处有，文章不管用时无。
堪笑翰林陶学士，年年依样画葫芦！

后人不明白，朝廷为什么非要这种"依样画葫芦"的官儿呢？

花蕊夫人

后蜀亡国，亡国君主的贵妃、才貌双全的女诗人花蕊夫人被押到京城汴京，没有十天，宋太祖赵匡胤便在后宫召见了她。

太祖说："朕听说贵妃在蜀中常赋新诗，有《宫词》百首，诗境清丽，朕十分叹赏，今日可否当朕的面赋诗一首？"

花蕊夫人说："奴婢遵命，请皇上命题。"

"就以后蜀亡国为题吧。"太祖说。

花蕊夫人一听，她那日夜痛楚的心一时被深深地触动了。亡国以来，淤积于心中的耻辱、悲愤、怨恨和无可奈何的感情，像一股奔腾的激流决堤而出。她挥泪放悲，脱口诵成

《述国亡诗》：

君王城上竖降旗，
妾在深宫那得知？
十四万人齐解甲，
更无一个是男儿！

诗的一、三句写实，十四万大军不战而降，乃因君王竖起了降旗。二、四句则说，如果她知道宋军兵临城下，她将竭尽绵薄之力，以死卫国，而决不会束手就擒，蒙受亡国被俘的奇耻大辱。她一个弱女子尚且如此，那十四万大军哪儿去了呢？她痛恨十四万大军中竟然没有一个是“男儿”！一腔正气和满腹怨情扑面而来。

太祖听了，不仅没有责怪花蕊夫人的诗倾吐出那样浓重的故国之思，反而大为感动。

应制咏月

一天夜晚，宋太祖赵匡胤批阅奏折。劳累困乏之时，他信步来到御花园，见远天新月，清光稀微，后苑花木在轻风中摇曳，影影绰绰。太祖一时兴起，命近侍传呼翰林学士卢多逊进宫。

卢多逊走进御花园，太祖一见到他就说：“贤卿，你看新月初升，夜浓月淡，不同皓月当空，清辉万里，朕要你就此光景赋首新诗。若称朕意，朕当厚赐。”

卢多逊请太祖赐韵。太祖想了想，就出了个刁钻古怪的韵：“些子儿。”用今天的白话说就是“丁点儿”。卢多逊抬头望月，低头凝思，在花下月影中踱了几步，就吟道：

太液池边看月时，
好风吹动万年枝。
谁家玉匣开新镜，
露出清光些子儿。

太祖听了，大加赞赏，说：“好，好，确是咏新月，很对景。”当晚君臣痛饮，尽欢而散。临行，太祖把席间所用金银器皿，尽数赐给了卢多逊。

其实，卢多逊诗只用了一个前辈诗人用滥熟了的比喻，毫无新意，谈不上什么艺术性。卢多逊一生把全部心思都用来讨好皇帝，所以他的诗篇虽得皇帝赏识，却不能播于人口，流传后世。

梅妻鹤子

一天，梅尧臣踏着皑皑白雪登上孤山，去访问西湖居士林逋。不巧，林逋外出。梅尧臣表示要恭候先生归来。应门童子便走到园中，放出一只白鹤。白鹤直冲云天，时高时低，沿湖山盘旋。童子说："先生见了白鹤，一会儿就会回来了。"梅尧臣说："我早听说先生喜爱种梅养鹤，今日眼见白鹤凌空，浩荡无羁，清雅高洁，野趣远逸，真正处士之性，隐者之情。"

梅尧臣说罢，下意识地环视了一下小园，见满园梅花绽开半树，晶莹的白雪覆盖枝头，疏影横斜，暗香浮动，"呀，多么迷人醉心！"梅尧臣不禁喟然赞叹，随口吟诵起林逋的诗来：

众芳摇落独喧妍，占尽风情向小园。
疏影横斜水清浅，暗香浮动月黄昏。
霜禽欲下先偷眼，粉蝶如知合断魂。
幸有微吟可相狎，不须檀板共金樽。

梅尧臣正如痴如醉，林逋已来到跟前。二人相见毕，梅尧臣说：“先生一生不娶妻、无嗣子，足不涉城市二十余年，原来有如此幽情野趣，令人乐而忘忧！”林逋爽朗大笑说：“谁说我无妻无子？我有满园梅树作伴，有声气相投的白鹤相随，梅妻鹤子，不远胜天伦之乐！哈……”

一语惊人

杨亿出生后，数岁不哭不语，这可急坏了一家人。父母到处求医，竟无回春妙手。

一天夜晚，朗月高挂，银辉万里，疏朗的星星在天际闪烁，夜空显得特别高远。女婢抱着杨亿，随主人登上百尺高楼，准备赏月。忽然，女婢不小心一个趔趄，小杨亿的头猛撞在廊柱上。“哇”地一声，杨亿竟大哭起来。杨亿父母及家人，先都惊呆了，接着，又都高兴得叫起来：

“这可好了，公子有声了！”

“因祸得福，该我杨家人丁兴旺！”

“既然会哭，就一定会说话，公子快说呀，快说呀！”

小杨亿见一家人这样，莫名其妙，怔怔看了半天，恍惚才明白，不高兴地说：“谁说我不会说话？我还会吟诗呢？”

“快吟啊，快吟呀！”一家人又七嘴八舌催促起来。

杨亿立即拉开嗓门，高声吟道：

危楼高百尺，手可摘星辰。
不敢高声语，恐惊天上人。

后世有人认为这首诗是李白夜宿山寺所题，这个故事更有些荒诞不经。但《宋史》记载，杨亿确实早慧。

以文会友

一年，丞相晏殊因事赴杭州，经过扬州时，特往市西北的大明寺游览。晏殊走进大殿，瞻仰过佛像，发现四周板壁满是题诗。晏殊一时来了兴致，想试试自己平生的才学，便对随从说："你们给我诵读题诗，但不要念出作者的爵里姓氏，看我能不能说出诗是何人所作。"

晏殊说罢，便闭目徐行。他一边走，随从一边念，一首诗刚念了一两句，晏殊便说，此诗乃某州某人所作。随从又念一首，也只念了一两句，晏殊又说："知道了，念下一首吧！"如此这般，不知念了多少首，没有一首的作者不被说中的。后来随从又念道：

越调隋家曲，当年亦九成。
哀音已亡国，废话尚留名。
仪凤终沉影，鸣蛙只沸声。
凄凉不可问，落日背芜城。

芜城即扬州。这首诗吟叹扬州的盛衰兴亡，是一首吊古伤今之作。随从诵读这首诗，居然没有被晏殊打断。诗念完了，晏殊问：“此诗是谁人所作?”随从回答说：“诗下落款是江都尉王琪。”扬州古称江都，王琪此时正任江都主簿。晏殊听了，十分高兴，命随从快去请王琪来相聚。

佳对难求

晏殊命人去请王琪。不多久，王琪便匆匆赶来了。晏殊真诚地称赞了一番王琪的诗才，便邀王琪共进午宴。宴后，又携手并肩，沿花池漫步。

当时正值暮春，晏殊似有所感，说：“我常常作诗，得一好句，便书写在厅堂的墙壁上，公余闲暇，面壁重吟，求得佳对，便足句成篇。然而，有时往往一年过去了，也没有搜求到满意的对子，所以墙壁上至今还孤孤单单地留着一些诗句。”

王琪说；“大人严谨如此，令人钦佩。敢请大人略道一二，晚生也好向大人求教。”

晏殊说："你看，眼前这池苑的晚春残景，使我想起去年偶得的一句诗'无可奈何花落去'。写在墙壁上整一年了，至今也还无对。"

王琪听了，说："大人你看，有现成的对句——似曾相识燕归来。"说罢，用手指着池边衔泥的春燕。

"无可奈何花落去，似曾相识燕归来。"

晏殊吟诵了几遍，拍手叫道："好，对得好！既工巧又自然，真是天设奇对！"

后来，晏殊把这一佳对写进了著名的《浣溪沙》词和一首诗里，可见他是何等欣赏！

莫杀风景

晚唐诗人李商隐著有《杂纂》一书，分数十品目，文笔诙谐风趣。其中有一类叫"杀风景"，所列例子，诸如：在甘洌澄净的清泉中洗臭脚，在娇嫩艳丽的鲜花上晒裤子，在松林幽径大声喧哗，在名山胜地破土起楼，烧古琴煮白鹤，对鲜花品花茶等等，都是亵渎文明、玷污圣洁的"杀风景"之事。

晏殊任颍州太守时，一天，用惠山泉烹稽山茶，突然想起了李商隐的《杂纂》，想起李商隐对种种"杀风景"丑行的嘲笑，便立即放下了茶杯。“何必也做杀风景的人呢?”他这样想着，就重新斟了一杯浊酒，对花从容自劝。酒催诗兴，他当即写了一首《煮茶》诗：

稽山新茗绿如烟，静挈都蓝煮惠泉。
未向人间杀风景，更持醪醑醉花前。

从此，“杀风景”一语伴着这个故事就常常挂在人们的口头上了。

“杀风景”之事不仅可笑，而且往往很愚蠢。如李商隐、晏殊之清醒者，实可嘉！

一声肠断

宋仁宗天圣二年，宋祁与他的哥哥宋庠同榜进士及第。以后，宋庠官至丞相，宋祁的诗词风靡朝野。时人称宋庠为“大宋”，宋祁为“小宋”。

一天，宋祁正从繁台街经过，迎面过来几台华美的轿子，轿帘低垂，也不见轿内是何人，便赶快闪到街旁，静候轿子过去。

“小宋!”忽然传来一声娇柔的呼唤声。宋祁寻声看去，见一抬轿子的绣帘挑开一角，一个妙龄女子正探头看他。四目相对，彼此都一惊，那女子的脸上蓦地腾起一朵红霞，慌忙放下了轿帘。宋祁如坠五里雾中，待清醒过来，轿子已走远了，顿觉怅然若失。回到府中，他仍怏怏不乐，情不自已，便提笔写了首《鹧鸪天》：

画毂雕鞍狭路逢，
一声肠断绣帘中。
身无彩凤双飞翼，
心有灵犀一点通。
金作屋，玉为笼。
车如流水马游龙。
刘郎已恨蓬山远，
更隔蓬山几万重。

这首词一字不改地用了晚唐诗人李商隐《无题》诗中四句诗，但记的却是宋祁这次亲身经历。宋祁这首词连同词所记的故事很快传遍京都，歌妓们争相传唱，不久便传进了皇宫。

红杏闹春

一天，宋仁宗来到后宫，命太监把妃嫔们都召集起来。仁宗问："不久前，你们谁乘轿经过繁台街，挑开绣帘，呼唤

‘小宋’?”

一个宫嫔上前回禀道：“是臣妾无礼！臣妾本不认识宋学士，前些日子侍宴，听宣翰林学士，左右指着学士告诉我，那就是写‘红杏枝头春意闹’的小宋，这才认得。那天街头偶遇，就不慎叫出声来了。”

仁宗又问：“你可知小宋的新词《鹧鸪天》？因你一声唤，牵动相思愁，一段风流债，你如何偿还？”

“臣妾该死！”宫嫔立即跪在地上。

仁宗笑了笑，转身对太监说：“宣宋学士进来！”

宋祁进来了，仁宗迎了两步，说：“学士作的好词！‘一声肠断绣帘中’，何其动情如此！”

宋祁一听，顿时慌了神。仁宗哈哈大笑起来，说：“朕已尽知实情，蓬山不远，求侣何难？朕今日就把那轿中唤‘小宋’的宫嫔赐给贤卿！”

宋祁因写了“红杏枝头春意闹”而名动天下，那宫嫔也是因爱而动情，因动情而留心，因留心而越礼，终于得配“小宋”。“红杏枝头春意闹”，“闹”出一段风流佳话。

抱香枝头

一天，欧阳修的一个朋友来访，刚坐下就说，他新得到王安石一首诗。说着，取出一幅小笺。欧阳修接过来看，是

《残菊》绝句：

黄昏风雨打园林，残菊飘零满地金。

折得一枝犹好在，可怜公子惜花心。

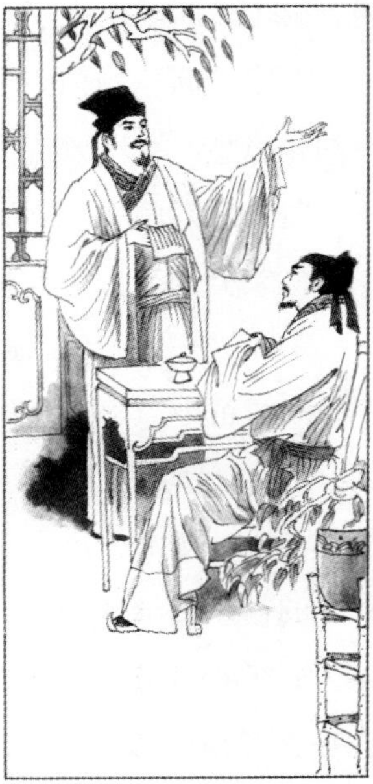

欧阳修看完，不禁笑了起来，然后说："诗倒是写得很有味。风雨黄昏，天色惨淡，残菊飘落，黄金铺地，好一幅刺眼肃杀的秋景！最后一联写公子惜花之心，话却从对方说来，仿佛是菊花被公子惜花之心感动因而一枝独存，诗情含蓄而委婉。"

客人说："照欧阳公如此讲来，确实是一首好诗！不过，刚才你的笑声似乎隐藏深意。"

欧阳修说："是的。诗好是好，只是百花盛极而凋谢，唯独秋菊枯焦，犹抱香枝头而不落，荆公却道'残菊飘零满地金'，岂不有违常理？"欧阳修停了停，接着抑扬顿挫地吟哦道："秋英不比春花落，为报诗人仔细吟。'这两句话，可以赠给荆公。"说完，又忍不住笑起来。

客人击掌说："欧阳公说得极是！不过，据我所知，有少数花瓣疏散的菊花也会飘落的，或许荆公咏的就是这种菊花吧。"

●六一居士

宋神宗熙宁四年，六十五岁的欧阳修终于告老还乡，隐居在汝阴颍水之滨。

一天，来了一位客人，见欧阳修书房中有“六一居士”横披一幅。客人说：“欧阳公当年谪居滁州时，自号‘醉翁’，写下传世杰作《醉翁亭记》，为何今日更号六一居士？”

欧阳修说：“我历任三朝，几回进退，悠悠身世，恰似浮云。如今白头归来，有藏书一万卷，集录三代以来金石遗文一千卷，琴一张，棋一局，日用俸钱沽酒一壶，个中兴味，尤觉深长啊！”

客人说：“如此，才五个一，还少一个一，怎么叫‘六一’呢？”欧阳修见客人还没领悟，笑着说：“喔，我有一首诗，你听：

书殿宫臣宠并叨，不同憔悴返渔樵。
无穷兴味闲中得，强半光阴醉里销。
静爱竹时来野寺，独寻春偶过溪桥。
犹须五物称居士，不及颜回饮一瓢。

你看，以吾一衰翁，老于此五物之间，岂不恰是‘六一’吗？”欧阳修说完，又快活地笑起来。

藏头诗趣

神宗熙宁三年春，省试揭榜后，新科状元进士们谒座主、拜同年、赴御宴，忙得不亦乐乎。老百姓看见他们弹冠相庆的样子，都叫他们是一帮“马留子”。

原来，当时京城中有一个玩猴戏的艺人养了一只沐猴，名叫马留。他在卖艺时，总是在地上摊开数十件杂物，让观众指示，然后让马留辨认，每当沐猴说对一个名字，艺人像是祝贺沐猴猜中了，就说一句：“道着了也，马留！”这个艺人在京卖艺日久，走遍了大街小巷，市民们都熟悉这句话。

话说回来，熙宁三年的状元叶祖洽正披红挂彩，骑着高头大马去赴御宴时，一个落第举子递给他一首诗。叶祖洽展开一看，是这样：

着甚来由去赏春，也应有意惜芳辰。
马蹄莫踏乱花碎，留与愁人作醉茵。

唐代诗人孟郊累试不第，后来终于高中，写有“春风得意马蹄疾，一日看尽长安花”之句，这首诗显然化用了孟郊诗意。这还是一首藏头诗，把四句诗的头一个字连起来念，恰是“着也，马留！”叶祖洽看了，感到一股辛辣的讥刺直透心底，赴宴兴致一时尽扫！

急抱佛脚

王安石好开玩笑，一天，他故作忧郁惆怅地对一位客人说："投老欲依僧。"客人听了，莫名其妙，不知丞相突然发此慨叹是什么意思。王安石又加重语气吟了二遍，客人顿时恍然大悟，应声说："急则抱佛脚。"

原来是王安石出了一个对子要客人对。客人为自己反应敏捷、对得贴切而高兴。

这时，王安石又说："我这'投老欲依僧'是古人一句古诗。"客人说："请教出处。"王安石说："李商隐《僧院牡丹》。"

薄叶风才倚，枝轻雾不胜。
开先如避客，色浅为依僧。
粉壁正荡水，缃帏初卷灯。
倾城惟待笑，要裂几多缯。

客人一听，笑着说："李商隐诗只说'色浅为依僧'，丞相也只是借用其意罢了。如此我的'急则抱佛脚'亦是俗谚全句。这副对子，上句去一个'投'字，下句去一个'脚'字，便是'老欲依僧，急则抱佛'，岂不是天生的对子！"

"是的，是一副好对子！你对得快，对得好！"王安石说罢，不禁开怀大笑。

一江春水

一天，王安石与黄庭坚一起谈起南唐李后主的词。王安石对黄庭坚说："你喜欢作小词，是否看过李后主的词呢?"

黄庭坚说："怎能不看? 李煜风流才子，其词作如王嫱、西施，虽粗衣蓬头，不掩其天姿国色。"王安石听了，哈哈大笑，说："无怪法秀禅师骂你爱作淫艳之词，该当下犁舌之狱!"王安石收住笑，转而正色问："不过，你看李煜词，何处最好?"

黄庭坚说："自然是那首《虞美人》。

春花秋月何时了，往事知多少?
小楼昨夜又东风，故国不堪回首月明中!
雕阑玉砌今犹在，只是朱颜改。
问君能有几多愁? 恰似一江春水向东流。

我最爱他这最后两句，句句有意，字字有情，愁似春江水，满江漫涨，滔滔东流，无限深广，无限邈远，所以当年南唐旧臣听了这首词，无不伤心落泪!"

王安石说："是的，正因为这首词有如此浓重的思念故国之情，所以宋太宗下令毒死了他。"

琴诗孰优

一天，欧阳修问苏东坡：“琴与诗，哪一个最善于表达人意，动人感情呢？”

苏东坡说：“论诗，我还知一二。论琴，我平生不辨五音，是个真正的门外汉。”

“如此，谈谈又何妨！”欧阳修鼓励说。

苏东坡想了想，说：“噢，我先为你诵一首韩愈的《听颖师弹琴》吧：

昵昵儿女语，恩怨相尔汝。划然变轩昂，勇士赴敌场。浮云柳絮无根蒂，天地阔远随飞扬。喧啾百鸟群，忽见孤凤凰。跻攀分寸不可上，失势一落千丈强。嗟余有两耳，未省听丝篁。自闻颖师弹，起坐在一旁。推手遽止之，湿衣泪滂滂。颖乎尔诚能，无以冰炭置我肠。

看来，琴写心声，诗明琴意，异曲同工，各尽其妙啊！”

欧阳修听了，哈哈一笑，说：“你很圆滑，到底没回答我琴诗孰优。不过，韩愈这首诗虽好，可惜不是写听琴，而是写听琵琶。”

苏东坡愕然，竟无言以对。事后，他去向乐师求教，乐师说：“从韩诗对乐声和弹奏技巧的描写看，韩诗确是写的听琴。”看来，欧阳修也有疏漏之处啊。

乌台诗案

宋神宗元丰二年，苏轼在湖州知府任上被弹劾，解京交御史台（又称乌台）勘问。八月，御史台坐堂，御史何大正、舒亶等列举苏轼作的诗歌，指控苏轼攻击新法。苏轼义正辞严，据理反驳，终于使何大正一伙理屈词穷，无法结案。

一天朝会，宋神宗想起了苏轼的事，问：“众卿，苏轼一案，勘审得如何了？”

丞相王珪回答说：“苏轼于陛下有不臣之意。”

神宗问珪：“有何证据？”

王珪说：“他有一首诗吟桧树，是这样的：

凛然相对敢相欺，直干凌云未要奇。

根到九泉无曲处，世间惟有蛰龙知。

他抱怨陛下对他无知遇之恩，反而求之于地下的蛰龙，这不是怀有叛逆之心吗？”

神宗听了，笑笑说：“诗人之词，怎么可以那样解释？他自咏他的树，与朕何干？”

散朝后，章子厚质问王珪：“你在陛下面前如此罗织苏轼罪名，不是存心要灭人家九族吗？”王珪辩解说：“这些话都是舒亶说的。”“哼，舒亶吐的唾沫，你也咽下去！”

最后，虽然勘审无据，苏轼还是坐了两个多月的监狱，免死贬往黄州。

咄咄逼人

苏轼晚年被放逐到惠州，只有小儿子苏过始终陪伴着他。

一天，道士昙秀来访。昙秀是苏轼的老朋友。早在扬州，二人就有诗歌赠答。这次昙秀来住了十几天，同苏轼父子讲道论诗，给苏轼穷愁潦倒的生活带来了一丝生气。临别，苏轼对昙秀说：“我垂老多病，早已不再作诗，可长老远道来访，岂能无一言赠别？犬子过已粗通诗律，就让他代老夫作一首诗吧。”

昙秀说：“如此，贫道当感激不尽。”

于是，苏过即席吟成《送昙秀诗》：

三年避地少经过，十日论诗喜琢磨。
自欲灰心老南岳，犹能茧足慰东坡。
来时野寺无鱼鼓，去后闲门有雀罗。
从此期师真似月，断云时复挂星河。

前二联写昙秀来访，给苏轼父子带来了喜悦与安慰；后二联写昙秀走后，苏轼父子将在冷落孤寂中无限思念昙秀。昙秀听了十分感动，极赞苏过的才华。苏轼说：“是啊，犬子诗作，时有可观，此篇几乎咄咄逼近老朽了！”说着，拿起笔墨，亲自为昙秀书写这首诗。昙秀感激地说：“有此佳作宝墨，贫道行囊就满了！”

胸有成竹

文同，字与可，以善画墨竹著称。苏轼曾向文同问墨竹画法，文同说：“画竹必得朝夕凝神熟视，待眼前之竹了然于胸，至胸中之竹非眼前之竹，然后立起从之，如兔起鹘落，奋笔挥毫，直追胸中之竹；此时笔下生花，新意迭出，画上之竹又必胜于胸中之竹了。”

“啊，你这篇胸有成竹的画论，实在精妙。”苏轼对此赞不绝口。

宋神宗熙宁八年秋冬之交，文同任洋州（在今陕西）知州。洋州城西北有筼筜谷，满山满谷都是青青翠竹。文同在这里作了大量诗画。他把一些诗画寄给苏轼，苏轼一边观画一边和诗，其中一首如下：

汉川修竹贱如蓬，斤斧何曾赦箨龙。

料得清贫馋太守，渭滨千亩在胸中。

一天，文同正与妻子在山谷烧竹笋吃，得到苏轼这首诗，不禁哑然失笑，把一嘴的鲜笋都喷了出来，连声说："子瞻真是我的知己，知我爱竹如命，得了这么一片胜地，还不把千亩翠竹都纳入胸中，展于笔下吗？"

文同妻子说："他是笑话你又穷又馋，天天烧竹笋吃，怕你把千亩竹笋都吃进肚子里了，看你还得意！"说罢，夫妻俩开怀大笑。

笔扫寒梢

文同画墨竹名声很大，一些有权势的人常逼他作画。这时，他总是把送来作画的素绢扔到地上，愤然骂道："这些绢只配用来做袜子！"终于，他不能忍受，写信给苏轼说："我讨厌这些权贵，我告诉他们，墨竹画派的佼佼者是你，要他们去找你。"在信后，文同还附了两句诗：

拟将一段鹅溪绢，扫取寒梢万尺长。

这意思是要苏轼去应付那些权贵们。苏轼当即回信，想用轻松的玩笑为朋友解愁。苏轼说："你想画万尺长的竹子，那得用二百五十匹上等鹅溪绢。大概你是厌倦了笔墨，想得这么多绢去过逍遥日子了。”文同大约是气糊涂了，匆匆回信辩白说：“世间哪有万尺长的竹子，是我一时失言了。”

文同的这种心境，使苏轼感到心疼，他立即写了一首诗寄给文同：

为爱鹅溪白茧光，扫残鸡距紫毫铓。

世间那有千寻竹，月落庭空影许长！

苏轼诗正是一种画意的启示，同他一向倡导的胸有成竹、着重神韵气势一类画论是一致的。文同毕竟是丹青高手，于是，他当即作了一幅墨竹，竹长不过数尺，却大有万尺凌空之势。苏轼得画，大喜过望，一直珍藏着。

河东狮吼

苏东坡谪居黄州时，与龙丘居士陈季常过从甚密，两人常常骑马出游，纵论用兵之法及古今成败。陈季常自幼即嗜酒好剑，使气尚勇，自谓一代豪士。但世间总是一物降一物，就是这么一位豪士，却怕老婆怕得要命。

原来，陈季常到了晚年还好蓄声妓，妻子柳氏为这事气得大病一场。陈季常好色之心难改，却又自知理亏，自然就更惧怕老婆了。一次，柳夫人又发现他行为不轨，痛恨之极，顿时大发雷霆，大声吼叫，他竟吓得浑身一颤，把拄着的手杖抖落在地上，两眼怔怔地望着柳氏。

类似的事不只一回，于是家丑外扬，不少人都知陈季常害了“气管炎”。黄庭坚写信劝告过他，苏东坡则以他特有的方式进行讽劝。他写了一首诗赠给陈季常，其中有这样两句：

龙丘居士亦可怜，谈空说有夜不眠。

忽闻河东师子吼，拄杖落手心茫然。

陈季常晚年信佛，所以小诗全用佛语。河东是柳氏的郡望，师子吼，佛家用以喻威严。“师子”与“狮子”谐音，极形象。苏东坡借佛家语嘲戏陈季常，令陈季常十分尴尬难堪。从此，“河东狮子吼”就成了形容妻子凶悍、令人惧怕的习用语了。

米芾善谑

米芾是北宋大书法家，为人豪放诙谐。一天，来了几个客人看他挥毫，只见他展开一张大宣纸，用径寸紫管大书：

吾有瀑布诗，古今赛不得。

最好是一条，界破青山色。

米芾写完这首诗，客人们便齐声喝起采来：“好，好！真是笔力俊迈，沉着痛快，不愧是当朝大手笔！”

在众人赞叹之后，一个客人迷惑地说：“这‘一条界破青山色’，不是晚唐徐凝的诗吗？那‘古今赛不得’，不是白居易称赞徐诗的话吗？元章兄何以说是你的大作呢？”

米芾听了这话，又拿起支小楷笔，在大字后题了这样一行字：“苏子瞻曰，此是白乐天奴子诗。”写罢，转身含笑看着这个客人。

客人们又对着这幅字看了片刻，像是琢磨出了什么味儿，突然都笑起来。一个说：“是的，东坡有《戏徐凝瀑布诗》：

帝遣银河一派垂，古来惟有谪仙词。

飞流溅沫知多少，不与徐凝洗恶诗。

在苏东坡看来，白居易的赞赏是不对的，而徐凝竟因此自鸣得意，忘乎所以，这不是受白居易宠爱的奴才又是什么？”他这么一说，众人更大笑起来：“元章兄用徐凝口吻写出，更是意味深长的嘲讽。元章兄真是善谑！”

海字难押

一天，黄庭坚同郭功甫谈起秦观的《千秋岁》词。黄庭坚说：“我每每读到秦观这首词，就被词中的‘春去也，飞红万点愁如海’深深触动，几年来，一直想和作一首，都因这个海字韵难押而搁笔。”

郭功甫贸贸然说：“这‘海’字有何难押，泪成海，终归海，孔北海……”

黄庭坚听了，立即打断他的话，在心中厌恶郭功甫的轻率，深深惋惜没有人真正理解秦观的江南断肠词。

第二天，郭功甫又去了，问黄庭坚是否找到了满意的“海”字句。黄庭坚说：“昨夜已偶然得了一句，‘羞杀人也爷娘海’！”

真是话不投机半句多，郭功甫听了，知道是在嘲笑他，只好怏怏地走了。

后来，黄庭坚读到贺铸词《青玉案》有“若问闲愁都几许？一川烟草，满城风絮，梅子黄时雨！”抒发的正是秦观那“飞红万点愁如海”的深愁，才感到秦观有了真正的知己，宿愿已偿，就不必再用“海”字作韵写和词了。于是，他立即写了首诗寄给贺铸，表达自己的心情：

少游醉卧古藤下，谁与愁眉唱一杯。
解作江南断肠句，只今惟有贺方回。

义山诗论

北宋末年，高僧惠洪作《冷斋夜话》，写到卷四，论宋初西昆诗体。推究其本源，以为晚唐诗人李商隐（字义山）开创恶劣先例，杨亿、刘筠等人又竭力模仿，以至诗坛风气为之一变。惠洪说："诗到李义山，谓之文章一厄。"

惠洪写完，给许彦周看。许彦周看后，双眉紧皱，一言不发。惠洪问："怎么啦？你不同意贫僧的论断？"许彦周反问惠洪："你记得李义山有一首《乐游原》诗吗？""当然记得。"惠洪立即吟诵道：

向晚意不适，驱车登古原。
夕阳无限好，只是近黄昏。

许彦周说："对呀！这首小诗，字字精炼，意境深远，婉约隽永。你以为这样的诗与西昆诸子只求形式、用事僻涩、毫无意味的诗，可以同日而语吗？"

惠洪听了，不住点头，说："听君高论，茅塞顿开，贫僧几乎冤枉李义山了！"说罢，即提笔把"诗到李义山，谓之文章一厄"删去。

不过，今传《冷斋夜话》仍有此十一字。后人推测，大概是惠洪手稿早已传出的缘故。

瘦比黄花

李清照和赵明诚是一对恩爱夫妻。婚后不久，赵明诚出门在外，重阳节后得到妻子来信，信中有《醉花阴》词一首：

薄雾浓云愁永昼，瑞脑消金兽。
佳节又重阳，玉枕纱厨，半夜凉初透。
东篱把酒黄昏后，有暗香盈袖。
莫道不消魂，帘卷西风，人比黄花瘦。

赵明诚为妻子这清词苦调深深感动，同时又为妻子能写出这样的绝妙好词而骄傲、兴奋。突然，一个念头袭来。于是，他闭门谢客，三天三夜，尽平生才情，一气写了五十首新词，然后把妻子的《醉花阴》词重抄一遍，夹在其中。

第四天，赵明诚请来好友陆德夫，把五十一首词给他，请他品评，指出其中最佳者。陆德夫玩索再三，说；“只有一篇三句最佳。”赵明诚忙问：“哪一篇？”“《醉花阴·薄雾浓云》词。”“哪三句?”“自然是‘莫道不消魂，帘卷西风，人比黄花瘦’。”赵明诚得意地说：“陆兄果然好眼力，这一篇三句，正是愚弟爱妻刚寄来的新词，我只能服她了!”陆德夫也感叹说：“贤弟有妻如此，平生足矣!”

画院试题

北宋宣和年间，国家画院考画工，试题是唐诗名句“野渡无人舟自横”。应试者都知道，这是诗人韦应物《滁州西涧》中的一句，他们立即细细琢磨起全诗来：

独怜幽草涧边生，上有黄鹂深树鸣。

春潮带雨晚来急，野渡无人舟自横。

山涧边春草丛生，深树中黄鹂啼鸣，溪水涨春潮，裹挟着春雨，奔腾向前。暮色降临了，荒野的渡头空无一人，只有一只小船在急流中漂荡。画工们思索了一阵，以为这首诗就是一幅画，宾主分明，虚实得体，色调和谐，不难画出一幅好画，于是，都埋头精心勾画起来。

只有一位应试者面对画纸出神。他知道，韦应物的诗，善于发纤浓于简古，寄至味于淡泊，在一目了然的诗意中，常有平和闲淡的情绪，不只要画得形象逼真，而且要画出诗韵诗味，这却难了。他这样思索，也就抓住了诗的真髓。他立即兴奋起来，展纸挥毫，心腕交应，须臾而就。

考试揭榜了，这个画工的画因为用笔简洁，含蓄隽永，在荒野古渡那幽静闲淡的情调中不乏大自然生机，深得韦应物原诗意趣，因而被评为第一。

沈园偶遇

绍兴二十一年三月五日，陆游到城南沈家花园游玩，刚走进园中水榭，猝然与一娘子的目光相遇，二人同时惊愕失声。原来，陆游遇到了几年前被母亲逼迫休去的妻子唐琬。二人不期而遇，万种情思，俱上心头。还是唐琬强抑住感情，邀陆游入座，并指着身边一位官人说：“表兄，这是赵士程，奴的夫君。”然后又对赵士程说：“他是我姑妈的儿子陆游，我们几年不见了。”

赵士程知道陆游与唐琬那段不幸的婚变，今日相遇，也属难得，便起身对妻子说：“这里有黄滕酒一坛，你就打开同你表兄好好叙叙。”然后诚恳地对陆游说：“陆兄，我失陪了。”

唐琬默默打开酒坛，为陆游斟酒。陆游看着唐琬，内心的遗恨和悲哀如云山堆积。唐琬愈是殷勤劝酒，他的神色愈加黯然。突然，他起身索笔，在院墙上疾书：

红酥手，黄縢酒，满城春色宫墙柳。东风恶，欢情薄，一怀愁绪，几年离索。错，错，错！

春如旧，人空瘦，泪痕红浥鲛绡透。桃花落，闲池阁，山盟虽在，锦书难托。莫，莫，莫！

陆游掷笔，哀怨地道声："表妹，珍重！"便踉跄奔出了沈园。

梦断沈园

唐琬与陆游在沈园偶遇，呆呆地看着陆游在院墙题完《钗头凤》词悲伤离去，禁不住热泪滚滚。陆游词中倾吐的悔恨与哀怨，相思的痛苦与无可奈何的悲伤，又何尝不是她这几年的心境！世情薄，人情恶，作为一个女人，她承受的社会压力和摧残又不知要比男人多多少！而且，这深重的痛苦，还只能深深地埋藏在心里，即便夜深人静时，她也欲哭不能；为了不被人察觉，白天她还要咽泪装欢。这种痛苦才是真正铭心刻骨的啊！今日，她同陆游是这样相遇，这样离别！她再也控制不住自己了，竟不顾一切地放声痛哭起来，然后提笔在陆游《钗头凤》词后，依韵和了一首词：

世情薄，人情恶，雨送黄昏花易落。晓风干，泪痕残，欲笺心事，独语斜阑。难，难，难！

人成各，今非昨，病魂常似千秋索。角声寒，夜阑珊。怕人寻问，咽泪装欢。瞒，瞒，瞒！

唐琬题完词，就同赵士程回家去了。不久，陆游便得到消息说，唐琬从沈园游春回去后，终日茶饭不思，丢魂失魄，竟郁郁而死！

●示儿绝笔

陆游是中国著名的爱国诗人，从小就立下“上马击狂胡，下马草军书”的壮志。但是，南宋君臣无意恢复，这就决定了陆游的爱国壮志难酬，“床头孤剑空有声，坐看中原落人手”，陆游死不瞑目。

嘉定二年，腊月将近，陆游大病不起。孩子们为他洗沐、按摩，他时而昏睡，时而又清醒。陆游知道自己不行了，便叫孩子们扶他坐起来，拿来纸笔，用颤抖的手写下《示儿》诗一首：

死去原知万事空，但悲不见九州同。
王师北定中原日，家祭无忘告乃翁。

诗人在一息尚存之时，用尽最后一点力气，唱出这样一首凄怆沉痛的悲歌。忠愤之气，落落二十八字间！

南宋灭亡后，林景熙在陆游这首诗后题了一绝：

青山一发愁蒙蒙，干戈况满天南东。
来孙却见九州同，家祭如何告乃翁！

九州是统一了，但那是元朝统治者入主中原。在祭奠家父时，儿辈们该怎么说呢？真是无颜面对亡灵啊！

一字千金

辛弃疾出任镇江知府后，登北固山时写了著名的《永遇乐》怀古词：

千古江山，英雄无觅，孙仲谋处。舞榭歌台，风流总被，雨打风吹去。斜阳草树，寻常巷陌，人道寄奴曾住。想当年，金戈铁马，气吞万里如虎。

元嘉草草，封狼居胥，赢得仓皇北顾。四十三年，望中犹记，烽火扬州路。可堪回首，佛狸祠下，一片神鸦社鼓。凭谁问，廉颇老矣，尚能饭否？

辛弃疾有一个习惯，写完新词，就是请来众多宾客，听歌女演唱他的新作，然后请大家指摘词中瑕疵。这次也不例外。座中有一个二十出头的青年叫岳珂，是岳飞的孙子。辛弃疾问他："小将军，你有何高见?"岳珂说："大人若肯以千金求一字之易，晚生就不惶冒昧地进一言。"辛弃疾高兴地说："好，就以千金求一字!"岳珂说："大人新词意境宏深，体格沉郁，感时忧国，荡气回肠。只是化用典故旧事太多了!"辛弃疾拍案叫道："说得好，一语切中了我作词的痼疾。"这天以后，辛弃疾反复修改这首词，竟一天改动十几处，一月数易其稿，最后才成了流传至今的这篇杰作。

挑灯看剑

一个冬天的雪夜，罢官闲居的辛弃疾卧病在家，突然，老友陈亮来访。辛弃疾凝视着陈亮，叹息说："我记得你比我年轻四岁，可你形容憔悴，未老先衰了！"

陈亮说：“是啊！不过，我见到老朋友，仍然是能开怀大笑的呢！”说罢，真的大笑起来。

辛弃疾浑身一颤，凄然地说：“贤弟，你有推倒一世之勇，开拓万古之心，但你怀才不遇，又遭冤狱，你的笑声里分明藏着深深的悲哀与痛苦啊！”

陈亮像没有听见辛弃疾的话，从辛弃疾床头取下宝剑抖了抖，就舞了起来。霎时间，斗室之内，疾风四起，铿然有声。随着剑舞，陈亮引亢啸吟。

陈亮走后，辛弃疾写了《破阵子》词寄给他：

醉里挑灯看剑，梦回吹角连营。八百里分麾下炙，五十弦翻塞外声，沙场秋点兵。

马作的卢飞快，弓如霹雳弦惊，了却君王天下事，赢得生前身后名，可怜白发生！

这首词抒发了他们两人的共同感情，一腔忠愤，慷慨悲壮，令人闻歌起舞！

●妓中义侠

淳熙年间，浙东天台有一名营妓叫严蕊，色艺两绝，又善于作诗填词，太守唐仲友十分看重她，时时召她入府侍宴。

淳熙八年，浙东饥荒严重，朱熹任提举，救灾赈民。朱熹到任后，诉讼太守唐仲友的状子纷纷而来。朱熹在办案中，把严蕊牵连下狱，要她招认与太守有伤风化之事。严蕊在狱两个多月，不招一字，多次遭严刑拷打。

后来，朱熹卸职走了，岳霖继任。在审理严蕊的公堂上，岳霖问："本官听说，一个狱卒见你被打得太惨，劝你招了，免得再受鞭捶之苦，你为何不招呢？"严蕊说："我虽然卑贱，但不可诬陷他人，乌有之事，岂可胡言？"岳霖听了，赞赏不已，说："本官知你无罪，决定释放你，你打算继续留在乐营中吗？"严蕊当即口吟《卜算子》词：

不是爱风尘，似被前缘误。花落花开自有时，总

赖东君主。

去也终须去，住也如何住？若得山花插满头，莫问奴归处。

岳霖听了，成全了她的心愿，为她除了乐籍，任她自择从良。

口生莲花

江南是鱼米之乡。但在南宋平江（治苏州）府有个三鸦镇，到处是溪流沼泽，除了蒲苇莲荷、鱼虾蟹鳖之外，不长别的东西。当地一斤羊肉可卖到九百钱的高价，就是当官的也吃不起。肉还可以少吃或不吃，没有粮米怎么过？人总不能不吃饭！三鸦镇既是这么一个鬼地方，到三鸦来做官的，待上一年半载，也大都自动挂印逃跑了。

一年，朝廷来了一位钦差，平江府一个小吏故意把他引导到三鸦镇去视察。钦差大人到三鸦镇后，竟没有官员去迎接。他十分生气，进了衙门，便传令镇守来见。一个看院老仆说，“镇守大人刚带着一家老小回老家去了。”钦差大人一听，更是勃然大怒，说：“这还了得！定是监守自盗，挟财潜逃。来人呀，给本官抓回来！”老仆感慨地摇摇头，指着一副纸屏说：“请大人细看。”钦差走过去一看，见是一首诗，墨迹未干。他念道：

二年憔悴在三鸦，无米无钱怎养家？
每日两餐唯是藕，看看口里出莲花！

钦差看了，沉默了许久，然后长叹了一声，说："作官的都穷得无法养家，百姓们怎么过啊！我大宋朝真汲汲可危了！"

丹心不灭

景炎三年十二月，文天祥率南宋残兵驻扎在五坡岭，坚持抗元。一天，全军将士正在吃饭，元军突然奔杀而来，文天祥不幸被捕。

文天祥被押到潮阳见元军长官张弘范。张弘范是个叛国降将，文天祥十分鄙视他。张弘范说："文丞相，宋朝已亡，如今剩崖山张世杰一个据点，存亡也在旦夕。丞相如能写书招降，就可保全张世杰部官兵性命，这是件仁义之事。"

文天祥说："哼，你也有脸面谈仁义二字！"

张弘范反复威胁诱逼，强迫文天祥写招降书。文天祥拿起笔，双眉倒竖，愤然写下四韵八句：

辛苦遭逢起一经，干戈寥落四周星。
山河破碎风飘絮，身世浮沉雨打萍。
惶恐滩头说惶恐，零丁洋里叹零丁。
人生自古谁无死，留取丹心照汗青。

文天祥通过对自己一生的回顾，抒发了自己在山河破碎时的满腔悲愤，袒露出一颗忠君爱国、至死不变的赤子之心。诗人一腔浩然正气，化出气壮山河的千古绝唱。

张弘范无奈，只好把文天祥押送元大都。

无土墨兰

宋末元初，有一位遗民叫郑思肖。他原不叫这个名字，宋亡以后，他为国家与民族的深重耻辱而痛心疾首，愤然改为郑思肖。“思肖”就是“思赵”，意思是不忘赵匡胤建立的宋朝。郑思肖是著名的画家和诗人，最喜欢画兰。他画墨兰十分特别，总是有根无土。他几乎天天画无土墨兰，画好即随手撕碎，从不轻易给人，只赠好友，所以他的无土墨兰才得以留传。

一天，他正在作画，一位旧友来访，见他画的又是无土墨兰，就忍不住问："忆翁兄，你为什么画兰总是不画土？"

郑思肖愤愤地反问说："土地都被他人夺去了，你不知道吗？"

旧友说："自靖康以来，赵宋江山只残存一隅，今得天下统一，也是幸事。"

郑思肖觉得好刺耳，说："哼，幸事！我这一生除了君王父母外，没有接受过别人的恩惠。我有两联诗，赠给你三思吧。"

纵使圣朝过尧舜，
毕竟不是真父母。
千言万语只一句，
还我大宋旧疆土。

旧友只好悄然而去。那"留得许多清影，幽香不到人间"的无土墨兰，寄托着郑思肖忠君爱国的一片诚心。

•图书推荐•
Higlights

“四书”精华版系列
A Selected Collection of Four Books

《大学》精华版
A Selected Collection of the Great Learning
ISBN 9787802002173
100pp，145×210mm
￥16.80

《论语》精华版
A Selected Collection of the Analects
ISBN 9787802002180
234pp，145×210mm
￥36.80

《中庸》精华版
A Selected Collection of the Doctrine of the Mean
ISBN 9787802002166
134pp，145×210mm
￥19.80

《孟子》精华版
A Selected Collection of Mencius
ISBN 9787802002197
246pp，145×210mm
￥38.80

For more information, visit us at www.sinolingua.com.cn
Email: hyjx@sinolingua.com.cn, **Tel:** 0086-10-68320585,68997826

中国名著简读系列 —— 家，春，秋
Abridged Chinese Classic Series — Family, Spring, Autumn

汉英 Chinese-English edition

MP3

家

Family

ISBN 9787802003910

152pp，145×210mm

￥39.00

MP3

春

Spring

ISBN 9787802003927

144pp，145×210mm

￥39.00

MP3

秋

Autumn

ISBN 9787802003934

200pp，145×210mm

￥42.00

MP3

中国名著简读系列——围城

Abridged Chinese Classic Series — The Besieged City

ISBN 9787802003903

196pp，145×210mm

￥38.00

中国名著简读系列
——中国古诗百首读
100 Ancient Chinese Poems
ISBN 9787802003958
163pp，145×210mm
￥39.00

中国古代文学 —— 小说卷
Ancient Chinese Literature — Novels
ISBN 9787800528873
289pp，140×200mm
￥29.00

中国古代文学 —— 诗歌卷
Ancient Chinese Literature — Poetry
ISBN 9787802000469
274pp，140×200mm
￥27.00

责任编辑：任　蕾　杨　晗
封面设计：古涧文化
印刷监制：佟汉冬

图书在版编目（CIP）数据

诗词趣话 / 黄为之主编. -- 北京 : 华语教学出版社, 2011
ISBN 978-7-5138-0081-5

Ⅰ. ① 诗…　Ⅱ. ① 黄…　Ⅲ. ①诗歌欣赏 - 中国　Ⅳ. ① I207.22

中国版本图书馆CIP数据核字（2011）第098556号

诗词趣话

黄为之　主编

*

华语教学出版社有限责任公司出版
（中国北京百万庄大街24号 邮政编码 100037）
电话：(86)10-68320585, 68997826
传真：(86)10-68997826, 68326333
网址：www.sinolingua.com.cn
电子信箱：hyjx@sinolingua.com.cn
北京市松源印刷有限公司
2011年（32开）第1版
ISBN 978-7-5138-0081-5
定价：19.00元